CMS auswählen und einführen für Mittelständler

Andreas Pörtner MSc BBA

DIGITAL BUSINESS GUIDES
www.digital-business-guides.com

Ausgabe 05/2025

Inhaltsverzeichnis

Die digitale Präsenz ist heute weit mehr als eine Visitenkarte im Internet – sie ist ein strategischer Erfolgsfaktor. Für mittelständische Unternehmen bedeutet das: Ohne ein professionelles Content Management System (CMS) bleiben Potenziale ungenutzt. Die Auswahl und Einführung eines CMS stellt jedoch viele Unternehmen vor große Herausforderungen – von der technischen Komplexität über rechtliche Anforderungen bis hin zur internen Organisation.

Als Berater in zahlreichen Digitalisierungsprojekten habe ich erlebt, wie wichtig ein strukturiertes und verständliches Vorgehen bei der Auswahl und Einführung eines CMS ist. Gleichzeitig fehlen vielen Unternehmen konkrete Leitfäden, die auf die besonderen Bedingungen des Mittelstands zugeschnitten sind. Dieses Buch soll diese Lücke schließen.

Es richtet sich an Entscheider, Projektleiter, IT-Verantwortliche und Digitalbeauftragte, die ein CMS-Projekt planen oder begleiten. Dabei ist es mein Ziel, nicht nur theoretisches Wissen zu vermitteln, sondern konkrete Handlungsempfehlungen, Checklisten und Best Practices bereitzustellen – praxisnah, verständlich und umsetzbar.

Ich wünsche Ihnen viel Erfolg bei Ihrem CMS-Projekt – und hoffe, dass dieses Buch Ihnen auf dem Weg dorthin ein wertvoller Begleiter ist.

In der digitalen Geschäftswelt entscheidet die Qualität der Inhalte über Sichtbarkeit, Kundenbindung und Wettbewerbsfähigkeit. Websites, Intranets, Serviceportale oder Produktwelten – sie alle basieren heute auf flexiblen Content Management Systemen. Was früher eine „statische Homepage" war, ist heute ein komplexes Kommunikationssystem mit vielen Touchpoints und Kanälen. Unternehmen, die Inhalte manuell pflegen oder auf veraltete Systeme setzen, verlieren Zeit, Qualität und Anschluss.

Gerade mittelständische Unternehmen stehen vor einem Dilemma: Einerseits müssen sie mit begrenzten Budgets und Ressourcen agieren – andererseits steigen die Erwartungen der Kunden, Partner und Mitarbeitenden. Ein modernes CMS ermöglicht es, Inhalte effizient zu erstellen, medienübergreifend zu verwalten und rechtssicher bereitzustellen – ohne dass jedes Mal die IT-Abteilung eingreifen muss.

Doch die Vielfalt am Markt ist groß. Zwischen Open-Source-Lösungen, Enterprise-Systemen, Headless-CMS, hybriden Architekturen und branchenspezifischen Lösungen fällt die Entscheidung nicht leicht. Zudem ist ein CMS keine Insel – es muss in bestehende Systeme wie CRM, E-Commerce, PIM oder ERP eingebunden werden. Nicht selten fehlen bei mittelständischen Unternehmen die Ressourcen, um den Auswahlprozess fundiert, strukturiert und zukunftssicher zu gestalten.

Genau hier setzt dieses Buch an.

Es führt Schritt für Schritt durch den gesamten Auswahl- und Einführungsprozess eines CMS – von der Zieldefinition über die Systemauswahl bis zur Einführung und zum Betrieb. Im Zentrum stehen dabei die Besonderheiten mittelständischer Unternehmen: kurze Entscheidungswege, knappe IT-Kapazitäten, vielfältige Anforderungen und ein wachsender Druck zur Digitalisierung.

Sie erhalten bewährte Vorgehensmodelle, zahlreiche Checklisten und wertvolle Praxistipps, um Ihr CMS-Projekt erfolgreich umzusetzen – sei es für einen Website-Relaunch, den Aufbau eines Kundenportals oder die Ablösung eines veralteten Systems.

Machen Sie den nächsten Schritt in Ihrer digitalen Strategie – mit einem CMS, das zu Ihrem Unternehmen passt.

1.1 Begriff und Grundfunktionen eines Content Management Systems

Ein Content Management System (CMS) ist eine Softwarelösung, mit der digitale Inhalte – etwa Texte, Bilder, Videos oder Downloads – erstellt, bearbeitet, organisiert und veröffentlicht werden können. Der größte Vorteil eines CMS liegt darin, dass redaktionelle Inhalte ohne Programmierkenntnisse gepflegt werden können. Redaktion, Marketing oder Kundenservice erhalten damit ein Tool, das ihnen erlaubt, schnell auf neue Anforderungen zu reagieren, Inhalte aktuell zu halten und Kommunikationsprozesse zu professionalisieren.

Im Kern erfüllt ein CMS vier Hauptfunktionen:

1. **Content-Erstellung (Content Creation):** Benutzerfreundliche Editoren erlauben es, Inhalte direkt im System zu erfassen, zu strukturieren und zu formatieren.
2. **Content-Verwaltung (Content Management):** Inhalte werden versioniert, mit Metadaten versehen, kategorisiert und organisiert.
3. **Content-Publikation (Content Delivery):** Inhalte können auf verschiedenen Kanälen (Website, App, Portal) veröffentlicht werden.
4. **Content-Archivierung:** Inhalte lassen sich archivieren, versionieren und bei Bedarf wiederherstellen – wichtig etwa für rechtliche Nachweispflichten oder bei Produktdokumentationen.

Ein modernes CMS ist weit mehr als nur eine Textverwaltung. Es ist ein zentraler Baustein der digitalen Infrastruktur eines Unternehmens – vergleichbar mit einem Nervensystem für die digitale Kommunikation.

Klassisches CMS (Seitenbasiert)

Das klassische CMS folgt einem monolithischen Ansatz: Inhalte und Präsentation sind eng miteinander verbunden. Die Seitenstruktur ist statisch definiert, und Inhalte werden innerhalb dieser Struktur verwaltet und angezeigt.

Typische Vertreter: WordPress, TYPO3, Joomla

Vorteile:

- Hohe Benutzerfreundlichkeit für Redakteure
- Große Community und viele Erweiterungen
- Ideal für Standard-Websites

Nachteile:

- Begrenzte Flexibilität bei Multi-Channel-Publikationen
- Enge Kopplung von Inhalt und Layout

Headless CMS

Ein Headless CMS trennt Inhalt und Darstellung vollständig. Die Inhalte werden über APIs ausgeliefert, sodass sie flexibel auf beliebigen Frontends (Website, App, Smart Device, etc.) angezeigt werden können.

Typische Vertreter: Contentful, Strapi, Sanity, Directus

Vorteile:

- Flexibilität bei der Darstellung
- Zentrale Verwaltung für alle Kanäle
- Zukunftssicherheit für Multi-Channel-Strategien

Nachteile:

- Höhere Entwicklungsaufwände
- Technisches Know-how notwendig
- Redakteure sehen nicht direkt, wie Inhalte später aussehen

Hybride CMS kombinieren die Vorteile klassischer und Headless-Systeme. Sie bieten sowohl eine WYSIWYG-Redaktionsumgebung als auch eine API-basierte Bereitstellung.

Typische Vertreter: Magnolia, Pimcore, Kentico, Storyblok

Vorteile:

- Flexibel und benutzerfreundlich
- Headless-Ready mit visueller Oberfläche
- Gut geeignet für Unternehmen mit wachsender Kanalvielfalt

1.3 Open Source vs. kommerzielle CMS-Lösungen

Für mittelständische Unternehmen ist die Wahl zwischen Open Source und kommerziellen CMS eine strategische Grundsatzentscheidung.

Open Source CMS wie TYPO3, WordPress oder Joomla zeichnen sich durch einen offenen Quellcode, eine breite Entwicklergemeinde und keine Lizenzkosten aus. Allerdings fallen oft Implementierungs-, Wartungs- und Hostingkosten an. Der große Vorteil liegt in der Unabhängigkeit vom Anbieter und der breiten Unterstützung.

Kommerzielle CMS wie Adobe Experience Manager, FirstSpirit oder CoreMedia bieten professionelle Supportverträge, hohe Integrationsfähigkeit und spezialisierte Funktionen – z. B. für personalisierte Inhalte oder E-Commerce. Hier ist der Initialaufwand meist höher, dafür werden langfristig Support, Updates und Weiterentwicklungen sichergestellt.

Kriterien zur Abwägung:

- **Budgetrahmen und TCO (Total Cost of Ownership)**
- **Technischer Reifegrad im Unternehmen**
- **Langfristige Digitalstrategie**
- **Anforderungen an Support und SLA**

1.4 CMS im Unternehmenskontext – Funktionen und Rollen

Ein CMS wird im Unternehmen von verschiedenen Rollen verwendet. Neben der IT sind vor allem Fachbereiche wie Marketing, Kommunikation, HR und Produktmanagement involviert. Entsprechend vielseitig sind die Funktionen, die ein CMS abdecken muss:

- **Redaktionsmanagement:** Rechte- und Rollenvergabe, Workflowsteuerung, Freigabeprozesse
- **Medienverwaltung:** Bilddatenbanken, Dateiupload, Metadaten
- **Mehrsprachigkeit:** Übersetzungsworkflows, Sprachvarianten, Lokalisierung
- **Versionierung & Historie:** Änderungen nachvollziehbar dokumentieren
- **Sicherheit:** Rollenbasierte Zugriffe, Authentifizierung, Logging
- **Analytics & SEO:** Integration mit Analyse-Tools, Metadatenpflege, Ladezeitenoptimierung
- **Barrierefreiheit:** WCAG-konforme Templates, Strukturhilfen für Inhalte
- **Schnittstellen:** Integration mit CRM, PIM, ERP, DAM, E-Commerce

Ein modernes CMS wird damit zur zentralen Steuerzentrale für Inhalte – und muss sich nahtlos in die digitale Infrastruktur des Unternehmens einfügen.

1.5 CMS-Marktüberblick: Systeme im DACH-Raum

Der deutschsprachige Markt bietet eine Vielzahl etablierter CMS-Lösungen. Die Auswahl reicht von international führenden Systemen bis zu spezialisierten Anbietern mit Fokus auf bestimmte Branchen oder Unternehmensgrößen.

Beispiele Open Source CMS (häufig im Mittelstand):

- **WordPress:** Weltweit führendes CMS, ursprünglich als Blogsystem gedacht
- **TYPO3:** Besonders stark im DACH-Raum, für komplexe Websites geeignet
- **Contao:** Deutsches CMS mit Fokus auf Barrierefreiheit und Struktur

Beispiele kommerzieller Anbieter (Enterprise Ready):

- **CoreMedia:** Made in Germany, starke Medienintegration
- **FirstSpirit (e-Spirit):** CMS mit Fokus auf Omnichannel-Publishing
- **Adobe Experience Manager:** Weltweit im Enterprise-Bereich verbreitet
- **Sitecore, Kentico, Bloomreach:** International skalierende Systeme

Beispiele Headless CMS:

- **Contentful:** Headless CMS aus Deutschland mit globaler Verbreitung
- **Strapi:** Open Source Headless CMS mit wachsender Community
- **Sanity, Storyblok:** Moderne API-zentrierte Architekturen

Die Auswahl muss dabei nicht nur anhand von Funktionslisten erfolgen – sondern im Kontext der eigenen digitalen Strategie, Systemlandschaft und Ressourcen geplant werden. Die beste Lösung ist nicht die mit den meisten Features, sondern die, die am besten zum Unternehmen passt.

1.6 Herausforderungen bei der CMS-Auswahl im Mittelstand

Gerade für mittelständische Unternehmen bringt die CMS-Auswahl einige besondere Herausforderungen mit sich:

- **Begrenzte IT-Ressourcen:** Häufig fehlt eine eigene Entwicklungsabteilung
- **Knappe Budgets:** Investitionen müssen klar wirtschaftlich sein
- **Hoher Erwartungsdruck:** Kunden, Partner und Suchmaschinen fordern moderne Inhalte
- **Verzahnung mit bestehenden Systemen:** CMS muss sich in gewachsene IT-Umgebungen integrieren lassen

- **Fehlende Methodik:** Die Auswahl erfolgt oft ohne strukturierte Verfahren oder Marktsichtung

Daher ist es essenziell, dass mittelständische Unternehmen mit einem klaren Projektansatz, klar definierten Anforderungen und strukturierten Auswahlprozessen arbeiten – was die kommenden Kapitel detailliert beleuchten werden.

Fazit Kapitel 1

Ein CMS ist heute weit mehr als ein Redaktionssystem – es ist eine zentrale Plattform für digitale Kommunikation und Interaktion. Die Vielfalt an Lösungen ist groß, und nicht jedes System eignet sich für jede Unternehmenssituation. Mittelständische Unternehmen sollten bei der Auswahl strategisch, strukturiert und technologieoffen vorgehen. Dieses Buch bietet dafür den nötigen Kompass – praxisnah, verständlich und auf die besonderen Herausforderungen des Mittelstands zugeschnitten.

2.1 Der digitale Reifegrad mittelständischer Unternehmen

Der deutsche Mittelstand gilt als Rückgrat der Wirtschaft – innovativ, bodenständig, qualitätsbewusst. Doch in der digitalen Transformation zeigt sich oft ein ambivalentes Bild: Während einige Mittelständler in bestimmten Bereichen, etwa Produktion oder Logistik, Vorreiter der Digitalisierung sind, hinken viele Unternehmen im Bereich digitaler Kommunikation, Online-Marketing und Kundeninteraktion deutlich hinterher. Besonders die Modernisierung von Unternehmenswebsites, Kundenportalen oder internen Redaktionsprozessen bleibt oft liegen – aus Zeitmangel, Ressourcenknappheit oder Unterschätzung der strategischen Bedeutung.

Der digitale Reifegrad variiert stark. Häufig lassen sich vier Gruppen unterscheiden:

- **Digital Beginner:** Unternehmenswebsite veraltet, manuelle Inhaltsverwaltung, kaum Anbindung an andere Systeme.
- **Digital Explorer:** Erste CMS-Einführung erfolgt, aber nur begrenzter Funktionsumfang, meist durch externe Dienstleister gepflegt.
- **Digital Performer:** Redaktionsprozesse etabliert, mehrere Systeme integriert (z. B. CRM, Newsletter, PIM), SEO-Strategie vorhanden.
- **Digital Leader:** Headless-Architektur, Omnichannel-Kommunikation, automatisierte Personalisierung, datengetriebenes Marketing.

Die Einführung eines CMS bietet für alle diese Gruppen einen strategischen Hebel, den Reifegrad in der digitalen Kundenkommunikation zu verbessern – vorausgesetzt, die Lösung passt zur jeweiligen Stufe und wird systematisch eingeführt.

2.2 Der digitale Erwartungsdruck wächst

Kunden, Geschäftspartner, Fachkräfte und auch öffentliche Auftraggeber setzen heute voraus, dass digitale Informationen aktuell, strukturiert und intuitiv zugänglich sind. Dies umfasst nicht nur ansprechende Unternehmenswebsites, sondern auch:

- **Mobile Optimierung**: Responsive Design ist heute Pflicht, nicht Kür.

- **Schnelle Ladezeiten**: Google-Algorithmen bevorzugen performante Seiten.
- **Barrierefreiheit**: Öffentliche Auftraggeber und zunehmend auch Privatkunden achten auf digitale Teilhabe.
- **Konsistente Inhalte über alle Kanäle**: Kunden erwarten gleiche Informationen auf Website, App, Produktdatenblatt oder im Vertriebsgespräch.
- **Personalisierte Erlebnisse**: Inhalte sollen zum Nutzer passen – basierend auf Interessen, Verhalten oder Rolle.

Mittelständische Unternehmen, die diese Anforderungen nicht erfüllen, riskieren nicht nur digitale Sichtbarkeit zu verlieren, sondern auch qualifizierte Leads, Bewerber und Geschäftschancen. Ein leistungsfähiges CMS ist somit ein strategisches Werkzeug zur Positionierung, Differenzierung und Kundenbindung.

2.3 Typische Anwendungsfälle im Mittelstand

In mittelständischen Unternehmen wird ein CMS nicht nur für klassische Websites verwendet, sondern zunehmend für vielfältige digitale Szenarien. Die häufigsten Einsatzbereiche sind:

a) Unternehmenswebsite (Corporate Website)

- Präsentation von Produkten, Services und Referenzen
- Suchmaschinenoptimierte Landingpages
- Karrierebereich mit Bewerbungsformularen
- Kontaktformulare, Newsletter-Registrierung, Standortkarten

b) Kundenportale

- Dokumentendownloads (z. B. Rechnungen, Produktdatenblätter)
- Servicebereich mit FAQs, Supportformularen oder Chatbots
- Personalisierter Zugang für B2B-Kunden

- Interne News, HR-Dokumente, Kalender, Schulungsunterlagen
- Bereichsübergreifende Kommunikation
- Redaktionelle Zusammenarbeit

- Temporäre Sites für Produktlaunches, Events, Recruiting
- SEO-optimierte Kampagnen-Landingpages
- Integration mit CRM und Marketing Automation

- Darstellung komplexer Produktportfolios
- Dynamische Schnittstelle zu PIM-Systemen
- Varianten, Datenblätter, Zubehörmodule

Die Vielseitigkeit moderner CMS ermöglicht es, mehrere dieser Szenarien in einem System zu kombinieren – was Prozesse vereinfacht und Pflegeaufwand reduziert.

2.4 Anforderungen aus der Praxis – typische Mittelstands-Perspektiven

Im Gegensatz zu Großunternehmen, die über spezialisierte Digitalabteilungen verfügen, muss der Mittelstand mit begrenzten Ressourcen auskommen. Daher ergeben sich spezifische Anforderungen an ein CMS:

Usability

- Redakteure sind oft Fachanwender ohne IT-Hintergrund.
- Eine intuitive Benutzeroberfläche mit WYSIWYG-Editor ist entscheidend.
- Schulungsaufwand soll minimal sein.

Kosteneffizienz

- Keine überdimensionierten Lizenzmodelle

- Günstige Implementierung und Wartung
- Möglichst viel Nutzen bei überschaubarem Budget

Flexibilität und Skalierbarkeit

- Start mit Basisfunktionen, spätere Erweiterbarkeit
- Multisite- und Mehrsprachenfähigkeit
- Anpassbar an individuelle Workflows und Prozesse

Schnittstellenoffenheit

- Integration in bestehende Systeme (CRM, PIM, ERP)
- API-Fähigkeit für spätere Digitalprojekte
- Standardisierte Schnittstellen (REST, GraphQL, JSON)

DSGVO- und Sicherheitskonformität

- Rechtssichere Speicherung von Daten
- Rollen- und Rechtemanagement
- Hosting in Deutschland oder EU

Support und Partnernetzwerk

- Verlässlicher Support durch Dienstleister oder Community
- Gute Dokumentation und Schulungsmaterialien
- Langfristige Weiterentwicklung durch Anbieter

Diese Anforderungen bestimmen maßgeblich, welches CMS für den Mittelstand geeignet ist – und welche Systeme möglicherweise überdimensioniert oder zu komplex sind.

2.5 Erfolgsfaktoren für CMS-Projekte im Mittelstand

Auf Basis vieler Projektbegleitungen lassen sich folgende Erfolgsfaktoren für eine gelungene CMS-Einführung im Mittelstand benennen:

- **Frühzeitige Einbindung der Fachbereiche:** Anforderungen nicht nur von der IT bestimmen lassen, sondern auch Marketing, HR, Produktmanagement etc. beteiligen.
- **Klare Zieldefinition:** Warum wird ein neues CMS eingeführt? Welche Probleme sollen gelöst werden? Welche Ziele stehen im Vordergrund?
- **Strukturierter Auswahlprozess:** Vergleich verschiedener Systeme, objektive Bewertungskriterien, ggf. Lastenheft und Ausschreibung.
- **Pilotphase und Testsystem:** Vor Einführung in Echtbetrieb sollte ein Testsystem genutzt werden, um Akzeptanz, Usability und Prozesse zu überprüfen.
- **Externe Unterstützung gezielt einsetzen:** CMS-Einführungen erfordern Projektmanagement, Know-how und methodisches Vorgehen – ein qualifizierter Dienstleister kann wertvolle Unterstützung leisten.
- **Nachhaltigkeit und Weiterentwicklung mitdenken:** Ein CMS ist kein Einmalprojekt, sondern eine langfristige Plattform. Betrieb, Pflege und Weiterentwicklung sollten von Beginn an eingeplant sein.

Fazit Kapitel 2

Der Mittelstand steht vor wachsenden digitalen Anforderungen – sowohl von außen (Markt, Kunden, Bewerber) als auch von innen (Effizienz, Prozessqualität, Integration). Ein CMS ist dabei kein Luxus, sondern ein zentrales Instrument, um Inhalte effizient, rechtssicher und zielgruppenorientiert zu verwalten. Die Einführung eines CMS muss jedoch zur digitalen Reife, den Ressourcen und den strategischen Zielen des Unternehmens passen. Je besser die Anforderungen im Vorfeld verstanden und formuliert werden, desto höher ist die Erfolgswahrscheinlichkeit des gesamten Projekts.

3.1 Warum ein CMS-Projekt mehr als ein IT-Projekt ist

Ein CMS-Einführungsprojekt wird im Mittelstand häufig fälschlich als rein technisches Vorhaben eingeordnet – als Aufgabe der IT-Abteilung. Tatsächlich handelt es sich jedoch um ein strategisches Transformationsprojekt, das die Art und Weise verändert, wie Unternehmen digital kommunizieren, zusammenarbeiten und ihre Marke präsentieren.

Ein Content Management System beeinflusst zahlreiche Prozesse im Unternehmen:

- **Redaktionelle Prozesse in Marketing und Kommunikation**
- **Digitale Customer Experience auf der Website**
- **Interne Informationsverteilung und Mitarbeitereinbindung**
- **Produktdarstellung im Vertrieb**
- **Serviceprozesse im Kundenportal**

Ein CMS schafft die technologische Grundlage, um diese Prozesse effizient, skalierbar und medienübergreifend zu gestalten – und bringt gleichzeitig Anforderungen an Organisation, Change Management und Content-Governance mit sich. Deshalb sollten die Ziele vor einer Auswahl klar definiert und mit den strategischen Prioritäten des Unternehmens abgestimmt werden.

3.2 Zentrale Ziele eines CMS-Projekts im Mittelstand

1. Professionalisierung der digitalen Außendarstellung

Die Unternehmenswebsite ist für viele Interessenten der erste Berührungspunkt. Ein veraltetes oder inkonsistentes Erscheinungsbild kann das Vertrauen in die Leistungsfähigkeit des Unternehmens nachhaltig schädigen. Ein modernes CMS hilft dabei, Design, Struktur und Inhalte professionell und einheitlich aufzubauen – und kontinuierlich aktuell zu halten.

Viele mittelständische Unternehmen arbeiten heute noch mit manuellen HTML-Dateien, Word-Dokumenten oder einfachen Website-Baukästen. Die Pflege ist ineffizient, fehleranfällig und oft IT-gebunden. Ein CMS erlaubt Fachabteilungen, Inhalte eigenständig zu verwalten – mit Workflows, Freigaben und klarer Rollenverteilung. Das spart Zeit, reduziert Fehler und entlastet die IT.

3. Verbesserung der SEO-Performance

Suchmaschinenoptimierung (SEO) ist kein Projekt, sondern ein dauerhafter Prozess. Ein CMS mit integrierten SEO-Funktionen – z. B. strukturierte Metadatenpflege, Ladezeitoptimierung, sprechende URLs, Bildoptimierung – schafft die Voraussetzungen, um langfristig organische Sichtbarkeit zu erreichen und zu halten.

4. Konsistente Markenkommunikation

Ein CMS hilft, Inhalte über alle digitalen Kanäle hinweg konsistent zu gestalten. Designvorlagen, Modulbaukästen und zentrale Medienbibliotheken verhindern, dass sich Stilbrüche oder veraltete Inhalte einschleichen. So bleibt die Markenidentität über Jahre hinweg gewahrt – auch bei wechselnden Redakteuren.

5. Revisionssicherheit und Compliance

Gerade im Mittelstand wird die rechtssichere Archivierung von Webinhalten, Impressumspflichten oder die Einhaltung der DSGVO oft vernachlässigt. Moderne CMS bieten Versionierung, Änderungsprotokolle, Rollenrechte und Hosting-Optionen, die regulatorischen Anforderungen gerecht werden.

6. Integration mit bestehenden Systemen

Ein CMS ist heute keine Insel, sondern Teil eines digitalen Ökosystems. Über Schnittstellen lassen sich Produktdaten (PIM), Kundeninformationen (CRM), Newsletter-Systeme, Terminbuchungen, Karrieretools oder Supportlösungen einbinden – was manuelle Doppelpflege reduziert und die User Experience verbessert.

Die Wirtschaftlichkeit eines CMS-Projekts lässt sich nicht allein über die Lizenzkosten beurteilen. Entscheidend ist die Betrachtung der **Total Cost of Ownership (TCO)** über den gesamten Lebenszyklus – und der erzielbare Nutzen.

Kostenbestandteile:

Kategorie	Beispiele
Initialaufwand	Auswahlprozess, Dienstleister, Einrichtung
Lizenzkosten	Jährliche Gebühren (bei kommerziellen Systemen)
Hosting & Betrieb	Server, Domains, Backups, Updates
Schulung & Change Management	Redaktionsworkshops, Supportaufwände
Weiterentwicklung	Anpassungen, Erweiterungen, neue Funktionen

Nutzenbereiche:

Nutzenaspekt	Beschreibung
Zeitersparnis	Schnellere Pflege, automatisierte Prozesse
IT-Entlastung	Redakteure arbeiten eigenständig, ohne IT-Support
Verbesserte Sichtbarkeit	Höhere SEO-Rankings, bessere Auffindbarkeit
Mehr Kundenanfragen	Conversion-optimierte Seiten, Landingpages, Formulare

Nutzenaspekt	Beschreibung
Stärkere Kundenbindung	Personalisierte Inhalte, Kundenportal, Mehrwertkommunikation
Employer Branding & Recruiting	Karriereseiten, Bewerbungsformulare, Azubi-Kampagnen

Ein CMS ist daher nicht nur ein Kostenfaktor, sondern ein Investitionsobjekt mit hohem strategischem Hebel.

3.4 Beispielhafte CMS-Nutzenpotenziale in der Praxis

Beispiel 1: Maschinenbauunternehmen mit komplexem Produktportfolio

Ein mittelständischer Maschinenbauer wollte seine 800 Produkte strukturierter darstellen und mehr qualifizierte Anfragen generieren. Mit einem neuen CMS und der Integration in ein PIM-System wurden alle Produkte zentral gepflegt und mit Landingpages, Datenblättern und Downloadfunktionen versehen. Das Ergebnis: +40 % SEO-Traffic, +30 % Leads, -50 % Pflegeaufwand.

Beispiel 2: Hersteller mit internationaler Ausrichtung

Ein Unternehmen mit 12 Länderniederlassungen setzte auf ein Headless CMS mit Multi-Language-Funktion. Die Übersetzungen wurden zentral organisiert, die Länderseiten konnten aber individuelle Inhalte ergänzen. Das Ergebnis: Kürzere Time-to-Market für neue Produkte und eine konsistente globale Markenpräsenz.

Beispiel 3: Fachhändler mit häufig wechselnden Aktionen

Ein Handelsunternehmen mit saisonalen Kampagnen nutzte das CMS zur Erstellung von Microsites und Aktionsseiten. Diese konnten ohne IT-Einbindung vom Marketingteam aufgesetzt werden. Das führte zu schnellerer Marktbearbeitung und messbaren Umsatzsteigerungen bei Aktionsprodukten.

Neben den direkt messbaren Effekten ergeben sich auch **indirekte strategische Vorteile**, die ein CMS mit sich bringt:

- **Digitale Resilienz:** Bei Marktveränderungen oder Krisen (z. B. Corona) können Informationen schnell angepasst, neue Services (z. B. digitale Beratung) bereitgestellt werden.
- **Modernes Employer Branding:** Eine attraktive Onlinepräsenz unterstützt die Gewinnung von Fachkräften.
- **Innovationsbasis:** Ein flexibles CMS kann zur Basis für weitere Digitalisierungsprojekte werden (z. B. Kundenportale, Apps, KI-Anwendungen).
- **Datenbasierte Optimierung:** Viele CMS bieten Analysefunktionen, um Inhalte gezielt zu verbessern.
- **Kulturwandel:** Durch klar definierte Redaktionsprozesse, transparente Workflows und neue Rollen verändert sich die interne Kommunikation nachhaltig.

Der Nutzen eines CMS stellt sich nur dann ein, wenn das System zum Unternehmen passt. Ist das nicht der Fall, können folgende Risiken auftreten:

- **Überforderung der Redakteure durch komplexe Benutzeroberflächen**
- **Kostenexplosion durch teure Individualentwicklungen**
- **Mangelnde Akzeptanz durch fehlende Schulungen und Change Management**
- **Rechtliche Risiken bei nicht DSGVO-konformen Systemen**
- **Schatten-IT und manuelle Umgehungslösungen**

Deshalb ist es entscheidend, die Zielsetzung frühzeitig zu klären – und sie mit den realistischen Möglichkeiten des Unternehmens abzugleichen.

25

Ein modernes CMS ist kein Selbstzweck, sondern ein zentraler Erfolgsfaktor für mittelständische Unternehmen, die ihre digitale Kommunikation professionalisieren und effizienter gestalten möchten. Die Einführung eines CMS schafft Nutzen in zahlreichen Bereichen – von SEO über Redaktionsprozesse bis zur Kundenbindung. Entscheidend ist, dass die Lösung auf klar definierte Ziele ausgerichtet ist und zur digitalen Strategie des Unternehmens passt.

4.1 Warum klare Anforderungen der Schlüssel zum Erfolg sind

Die Auswahl eines CMS steht und fällt mit der Qualität der Anforderungsdefinition. Wer nicht genau weiß, **was** das System leisten muss, kann nicht beurteilen, **welche** Lösung am besten passt. Im Mittelstand wird dieser Schritt jedoch häufig übersprungen oder nur oberflächlich behandelt – was später zu Fehlentscheidungen, kostspieligen Nachbesserungen oder mangelhafter Akzeptanz führen kann.

Ein typischer Fehler: Man wählt ein System nach Bauchgefühl, Design oder Empfehlung – ohne funktionale, technische und organisatorische Anforderungen systematisch zu erfassen. Die Folge: Enttäuschung über fehlende Funktionen, unnötige Komplexität oder hohe Anpassungskosten.

Ein strukturiertes Anforderungsmanagement schützt vor solchen Problemen. Ziel ist es, die Anforderungen aus allen relevanten Blickwinkeln zusammenzutragen, zu priorisieren und in eine Form zu bringen, die in den Auswahlprozess einfließen kann – etwa in Form eines Lastenhefts oder Bewertungsrasters.

4.2 Fachliche Anforderungen – die Sicht der Redakteure, Marketing-Teams & Co.

Inhalte erfassen, strukturieren und publizieren

Die zentrale Aufgabe eines CMS ist die redaktionelle Pflege und Veröffentlichung von Inhalten. Daher müssen folgende Anforderungen geprüft werden:

- Benutzerfreundlicher Editor (WYSIWYG, Markdown, Blockeditor)
- Unterstützung für strukturierte Inhalte (z. B. FAQs, Teamseiten, News)
- Mediathek mit Upload, Kategorisierung, Alt-Text und Bildgrößenverwaltung
- Unterstützung von Inhaltsvorlagen und Komponenten
- Rechtesystem: Wer darf was sehen, bearbeiten, veröffentlichen?

- Anlage von SEO-relevanten Metadaten (Title, Description, Canonical Tags)
- Sprechende URLs (Slug-Management)
- Kontrolle über H-Tags, Bildoptimierung und Ladezeiten
- A/B-Tests oder Personalisierungsoptionen
- Integration mit Newsletter- und Marketing Automation Tools

Mehrsprachigkeit und Lokalisierung

- Pflege von Sprachvarianten mit Übersetzungsworkflows
- Unterstützung für länderspezifische Inhalte
- Sprachspezifische URLs und SEO-Logik
- Export/Import von Inhalten zur externen Übersetzung

Workflows und Zusammenarbeit

- Inhalte zur Freigabe markieren
- Kommentare, Änderungsnachverfolgung
- Zeitgesteuerte Veröffentlichungen
- Rollen für Redaktion, Übersetzer, Freigeber, Admin

4.3 Technische Anforderungen – Integration, Skalierung, Sicherheit

Schnittstellen und Datenintegration

Ein modernes CMS muss mit anderen Systemen interagieren können:

- Anbindung an CRM, ERP, PIM, DAM, Newsletter, Bewerberportale
- Standardisierte Schnittstellen (REST, GraphQL, Webhooks)
- Datenimporte/-exporte (z. B. Excel, XML, JSON)
- Headless-Modus für Multichannel-Strategien

- Unterstützung von Caching-Mechanismen
- Kompatibilität mit CDN (Content Delivery Networks)
- Mandantenfähigkeit oder Multisite-Unterstützung
- Modularer Aufbau für zukünftige Erweiterungen

Hosting und Infrastruktur

- Betrieb On-Premises, in Private Cloud oder SaaS?
- Technische Voraussetzungen: Serverumgebung, Datenbank, PHP-Versionen etc.
- Backup-Strategien, Hochverfügbarkeit, Monitoring
- Deployment-Prozesse für neue Inhalte und Funktionen

IT-Sicherheit

- SSL-Verschlüsselung, HTTPS-Zwang
- Rechte- und Rollenkonzept
- Zwei-Faktor-Authentifizierung für Admins
- Logging und Protokollierung
- Schwachstellenscans und Sicherheitsupdates

4.4 Rechtliche Anforderungen – DSGVO, Barrierefreiheit, Archivierung

Datenschutz (DSGVO)

- Cookie-Banner mit granularer Steuerung (Opt-In, Consent Management)
- Möglichkeit zur pseudonymen Speicherung von Nutzerdaten
- Verwaltung und Export personenbezogener Daten (Art. 15 DSGVO)
- Einbindung von Auftragsverarbeitungsverträgen bei Cloudbetrieb

Barrierefreiheit (nach BITV / WCAG)

- Unterstützung barrierefreier Templates (Screenreader, Tastaturnavigation)

- Semantisch korrekte Auszeichnung von Inhalten (H1–H6, ARIA-Labels)
- Kontraste, Farbwahl, alternative Texte für Bilder
- Optional: BITV-Test oder Zertifizierung

Rechtssichere Archivierung

- Versionierung von Inhalten
- Nachvollziehbarkeit von Änderungen (Zeit, Nutzer, Inhalt)
- Exportfunktionen zur Dokumentation (z. B. PDF-Archiv)
- Aufbewahrungspflichten (z. B. für Produktinformationen)

4.5 Organisatorische Anforderungen – Rollen, Prozesse, Zuständigkeiten

Neben technischen und fachlichen Aspekten muss das CMS auch zur **Organisationsstruktur** passen:

- Redaktionsmodell (zentral, dezentral, hybrid)
- Pflege durch eine oder mehrere Abteilungen
- Externe Partner oder Agenturen einbindbar?
- Interne Schulungs- und Supportkapazitäten

Ein guter Praxisansatz ist das „Content Governance Modell", das definiert:

- **Wer** Inhalte erstellt (Content Owner)
- **Wer** Inhalte freigibt (Content Manager)
- **Wer** Inhalte pflegt (Content Editor)
- **Wer** technische Verantwortung trägt (Systemadministrator)

Bereich	Mögliche Fragen zur Bedarfserhebung
Redaktion	Welche Inhalte sollen gepflegt werden? Wer ist dafür zuständig?
Marketing	Welche SEO- und Kampagnenfunktionen werden benötigt?
HR	Gibt es Anforderungen an Karriereseiten, Bewerbungsformulare?
IT	Welche Integrationen sind geplant? Welche Hostingpräferenzen bestehen?
Recht / Datenschutz	Welche DSGVO-Vorgaben müssen beachtet werden?
Geschäftsführung	Welche strategischen Ziele sind mit dem CMS verbunden?

Am besten werden die Anforderungen in einem strukturierten Workshop-Format mit allen relevanten Stakeholdern erhoben, dokumentiert und priorisiert. Hilfreich sind Templates, Moderationskarten, digitale Umfragen oder Interviews.

Nicht jede gewünschte Funktion muss von Anfang an umgesetzt werden. Daher empfiehlt sich die **MoSCoW-Methode** zur Priorisierung:

- **Muss (Must):** Ohne diese Funktion ist das System nicht einsetzbar.
- **Soll (Should):** Sehr wichtig, aber in Ausnahmefällen verzichtbar.
- **Kann (Could):** Nice-to-have, kann ggf. später ergänzt werden.
- **Wird nicht (Won't):** Wird bewusst nicht umgesetzt.

Beispiel:

Funktion	Priorität
Benutzerfreundlicher WYSIWYG-Editor	Muss
Mehrsprachigkeit mit Übersetzungsworkflow	Soll
A/B-Testing für Landingpages	Kann
Integration mit KI-Bildgenerator	Wird nicht

So entsteht ein belastbarer Kriterienkatalog für die CMS-Auswahl, der nicht überfrachtet ist – aber die entscheidenden Anforderungen enthält.

4.8 Von Anforderungen zum Lastenheft

Wenn alle Anforderungen systematisch erfasst, dokumentiert und priorisiert sind, können sie in ein strukturiertes **Lastenheft** überführt werden – idealerweise ergänzt durch:

- Unternehmensprofil und Zielsetzung
- Technische Rahmenbedingungen
- Redaktionsorganisation
- Wunsch-Timings und Meilensteine
- Bewertungsmatrix oder Entscheidungstabelle

Dieses Lastenheft dient später als Grundlage für Ausschreibungen, Angebotsvergleiche und Anbieterpräsentationen.

Die Definition von Anforderungen ist der wichtigste Schritt im CMS-Auswahlprozess. Nur wer die Bedürfnisse aller Beteiligten kennt, kann ein System finden, das langfristig funktioniert. Dabei sollten Mittelständler strukturiert, realistisch und zukunftsorientiert vorgehen – mit klarer Priorisierung, interner Abstimmung und Dokumentation in einem Lastenheft. Dieser Aufwand zahlt sich in jedem Fall aus – durch eine bessere Auswahl, eine höhere Projektakzeptanz und einen nachhaltigeren Betrieb.

5.1 Warum eine systematische Recherche notwendig ist

Die Vielfalt an Content Management Systemen (CMS) ist enorm: Über 1.000 Systeme weltweit stehen zur Auswahl – von kostenlosen Open-Source-Systemen über spezialisierte Branchenlösungen bis hin zu umfangreichen Enterprise-Plattformen. Wer als mittelständisches Unternehmen das passende CMS sucht, muss aus dieser Fülle diejenigen Lösungen identifizieren, die den eigenen Anforderungen, Ressourcen und Zielen entsprechen.

Ohne strukturierte Recherche besteht die Gefahr, dass:

- Anbieter mit starkem Marketing, aber schwacher Funktionalität bevorzugt werden
- nicht vergleichbare Systeme miteinander verglichen werden
- zu spät erkannt wird, dass zentrale Funktionen fehlen oder teuer ergänzt werden müssen

Daher ist es essenziell, mit einer klaren Systematik in die Anbieterrecherche zu gehen – idealerweise auf Basis der in Kapitel 4 definierten Anforderungen.

5.2 Einstieg in die CMS-Marktübersicht

CMS-Kategorien nach Systemtyp

Zunächst lohnt sich eine Einordnung der infrage kommenden Systeme in folgende Kategorien:

Kategorie	Beschreibung	Beispiele
Open Source	Quelloffene, meist kostenfreie Systeme mit Community-Support	WordPress, TYPO3, Joomla, Drupal

Kategorie	Beschreibung	Beispiele
Kommerziell	Lizenzpflichtige Systeme mit Hersteller-Support und SLAs	CoreMedia, FirstSpirit, Magnolia
Headless CMS	Systeme mit API-first-Ansatz zur Ausspielung auf beliebigen Kanälen	Contentful, Storyblok, Strapi
Branchenlösungen	CMS mit Fokus auf bestimmte Märkte (z. B. Industrie, Tourismus)	Contao, Weblication, ZMS

Relevante Informationsquellen

Die Marktübersicht gelingt am besten über folgende Wege:

- **Vergleichsplattformen**: z. B. cmsmatrix.org, Capterra, G2
- **Beratungsunternehmen und Marktstudien**: Gartner, Forrester, Pörtner Consulting
- **Fachzeitschriften**: t3n, CMSWire, Internet World Business
- **Messen und Kongresse**: DMEXCO, CMS Summit, Digital Experience Days
- **Erfahrungsberichte und Referenzen von Unternehmen ähnlicher Größe oder Branche**

5.3 Bewertungskriterien für CMS-Lösungen

Für einen strukturierten Vergleich empfiehlt sich ein Raster mit Bewertungskriterien in mehreren Dimensionen:

A) Funktionalität

- Benutzerfreundlicher Editor
- Medienverwaltung
- SEO-Tools
- Mehrsprachigkeit

- Rollen- und Rechtemanagement
- Inhaltsversionierung

B) Technische Merkmale

- Hostingoptionen (On-Premise, Cloud, SaaS)
- APIs und Schnittstellen
- Performance und Skalierbarkeit
- Sicherheitsfunktionen
- Headless-Fähigkeit

C) Wirtschaftlichkeit

- Lizenzmodell (Kauf, Miete, Nutzungsumfang)
- Implementierungsaufwand
- Erweiterbarkeit ohne Zusatzkosten
- Total Cost of Ownership (TCO)

D) Anbieterqualität

- Marktpräsenz und Referenzen
- Weiterentwicklung (Release-Zyklen, Roadmap)
- Support-Modelle und SLA
- Community/Ökosystem

E) Projektrisiko

- Abhängigkeit vom Anbieter („Vendor Lock-in")
- Verfügbarkeit von Dienstleistern
- Stabilität des Herstellers (Finanzlage, Fusionen)
- Zeit- und Ressourcenaufwand für Einführung

Kriterium	WordPress	TYPO3	Contao	Storyblok	CoreMedia
Lizenzkosten	Keine	Keine	Keine	Miete ab 99 €/Mo	Hoch (>10.000 €)
Benutzerfreundlichkeit	Hoch	Mittel	Hoch	Hoch	Hoch
SEO-Funktionen	Gut (Plugins)	Sehr gut	Gut	Sehr gut	Sehr gut
API-Fähigkeit	Eingeschränkt	Mittel	Niedrig	Hoch (Headless)	Hoch
Community	Sehr groß	Groß	Mittel	Wachsend	Gering
Weiterentwicklung	Hoch	Hoch	Stabil	Sehr hoch	Hoch
Support	Agenturnetzwerk	Agenturnetzwerk	Hersteller nah	Direkt + Partner	Hersteller-SLA
Einsatzbereiche	KMU, Blogs, Shops	Mittelstand, Portale	Mittelstand, Behörden	Multi-Channel	Enterprise

Hinweis: Die Bewertung dient der Illustration. Eine individuelle Bewertung sollte stets anhand konkreter Anforderungen erfolgen.

1. Longlist → Shortlist

Erstellen Sie eine **Longlist** mit 8–10 CMS-Systemen, die auf Basis Ihrer Anforderungen grundsätzlich geeignet erscheinen. Reduzieren Sie diese dann auf eine **Shortlist** mit 2–4 Systemen, die in die engere Auswahl kommen.

2. Anbieterpräsentationen oder Demo-Zugänge

Vereinbaren Sie mit den Anbietern oder Agenturen **Live-Demos**, bei denen typische Anwendungsfälle gezeigt werden. Alternativ: Zugang zu einem Testsystem.

3. Referenzprojekte einfordern

Lassen Sie sich vergleichbare Referenzen zeigen – idealerweise in derselben Branche oder bei Unternehmen ähnlicher Größe.

4. Toolbasierter Vergleich

Nutzen Sie ein **Bewertungsraster** (z. B. in Excel), in dem Sie Funktionen, Kosten und subjektive Einschätzungen mit Punkten bewerten. Beispiel:

Kriterium	Gewichtung	CMS A	CMS B	CMS C
Benutzerfreundlichkeit	20 %	4	5	3
Schnittstellen zu Drittsystemen	15 %	3	4	5
Kostenstruktur	25 %	5	3	4
Anbieterstabilität	10 %	4	4	5
Gesamtpunktzahl	—	4.2	4.0	4.3

Tipp: Berücksichtigen Sie auch „weiche" Kriterien wie Vertrauen zum Anbieter, Schulungskonzepte oder Innovationsfähigkeit.

Wenn interne Ressourcen knapp sind oder das Wissen über CMS-Markt und Systemarchitektur fehlt, kann sich die Einbindung eines erfahrenen CMS-Beraters lohnen. Dieser kann helfen bei:

- Anforderungserhebung
- Erstellung des Lastenhefts
- Durchführung der Anbieterauswahl
- Moderation von Präsentationen
- Bewertung der Systeme
- Erstellung eines Business Case

Kostenpunkt: ab ca. 5.000 € für eine Basisberatung bis 20.000 € für ein komplettes Auswahlprojekt inkl. PoC.

5.7 CMS-Auswahl als strategischer Prozess verstehen

Die CMS-Auswahl ist keine einmalige Entscheidung, sondern ein Prozess mit langfristigen Folgen:

- Ein falsches System blockiert Innovationen und verursacht hohe Betriebskosten
- Ein passendes CMS schafft die Grundlage für digitale Wettbewerbsfähigkeit
- Die Auswahl beeinflusst nicht nur IT, sondern auch Marketing, HR, Vertrieb und Kundenservice

Deshalb ist es sinnvoll, die Auswahl strategisch zu betrachten – mit einer realistischen Zielsetzung, belastbarer Anforderungsdefinition, fundierter Marktanalyse und transparentem Bewertungsprozess.

Die CMS-Landschaft ist vielfältig – doch mit einer klaren Zieldefinition, strukturierten Recherche und fundierter Bewertung lassen sich geeignete Systeme für mittelständische Unternehmen identifizieren. Entscheidend ist, den CMS-Vergleich auf konkrete Anforderungen und Prozesse auszurichten – nicht auf Features, die in der Praxis gar nicht gebraucht werden. So wird aus dem CMS-Vergleich ein echter Entscheidungsprozess mit Weitblick.

6.1 Warum ein Lastenheft die Projektqualität entscheidend beeinflusst

Das Lastenheft ist das zentrale Dokument im CMS-Auswahlprozess. Es beschreibt aus Sicht des Unternehmens **was** erreicht werden soll, **warum** ein CMS benötigt wird, und **welche Anforderungen** dabei relevant sind. Es dient:

- als Grundlage für Angebote von Agenturen oder Systemanbietern
- zur objektiven Bewertung von Lösungen
- als Kommunikationsinstrument zwischen Fachbereichen, IT und Dienstleistern
- und als späteres Referenzdokument in der Projektumsetzung

Fehlt ein gutes Lastenheft, drohen Missverständnisse, Funktionslücken oder Projektverzögerungen – besonders im Mittelstand, wo Projekte oft mit schlanken Ressourcen durchgeführt werden.

6.2 Aufbau eines professionellen Lastenhefts

Ein Lastenheft für die CMS-Auswahl sollte folgende Struktur haben:

1. Einleitung

- Projektname und Kurzbeschreibung
- Ansprechpartner und Projektverantwortliche
- Ausgangssituation (Ist-Zustand)
- Projektziele und Zielgruppen

2. Geltungsbereich und Zielsystem

- Beschreibung der geplanten CMS-Umgebung
- Zu integrierende Systeme (CRM, PIM, Newsletter, etc.)
- Geplante Anwendungsfälle (z. B. Website-Relaunch, Kundenportal)
- Schnittstellenbedarf

3. Fachliche Anforderungen

- Redaktionsprozesse (z. B. Workflows, Freigaben)
- Benutzerführung / Usability
- Medien- und Dokumentenmanagement
- SEO- und Marketingfunktionen
- Rollen- und Rechtekonzepte
- Mehrsprachigkeit

4. Technische Anforderungen

- Hostingpräferenzen (Cloud, On-Premises)
- Performance-Anforderungen (Ladezeit, Uptime)
- Sicherheit (SSL, Rollen, Logging, DSGVO)
- Schnittstellen und APIs

5. Rechtliche und organisatorische Anforderungen

- Barrierefreiheit (nach BITV/WCAG)
- Datenschutzkonformität (DSGVO)
- Redaktionsmodell / Governance
- Schulungsbedarf

6. Projektabwicklung

- Geplanter Projektstart und Dauer
- Erwarteter Aufwand durch Anbieter
- Erwartetes Support- und Wartungsmodell

7. Bewertungskriterien

- Funktionale Bewertung (Muss/Soll/Kann)
- Wirtschaftliche Kriterien (TCO, Lizenzmodell)
- Anbieterqualifikation (Referenzen, Weiterentwicklung)

- Beispielseiten oder Content-Strukturen
- Inhalte aus Kapitel 4: Anforderungen im Detail
- CMS-Vergleichsmatrix (optional)

6.3 Gute Praxis: Anforderungslisten in Tabellenform

Für die Vergleichbarkeit ist es sinnvoll, **Anforderungen als Tabelle** aufzubauen – z. B. in Excel oder einem strukturierten Anhang:

ID	Kategorie	Anforderung	Priorität	Kommentar
F01	Redaktion	Inhalte im WYSIWYG-Editor mit Vorschau erstellen	Muss	WYSIWYG oder Blockeditor
F02	Mehrsprachigkeit	Inhalte in mind. 4 Sprachen pflegbar	Soll	DE, EN, FR, IT
T01	Schnittstellen	REST-API zum CRM-System vorhanden	Muss	Anbindung an Salesforce geplant
R01	Datenschutz	Hosting in EU, inkl. AVV-Vertrag	Muss	DSGVO-konform

Diese Tabellen helfen nicht nur bei der Formulierung, sondern auch in der späteren Bewertung und Umsetzungskontrolle.

Wenn mehrere Anbieter evaluiert werden sollen – z. B. Systemanbieter, Agenturen oder Integratoren – ist es sinnvoll, eine **Ausschreibung** auf Basis des Lastenhefts durchzuführen. Das kann formlos oder formell (bei größeren Projekten) geschehen.

Mögliche Schritte:

1. **Versand des Lastenhefts** an definierte Anbieter (Longlist)
2. **Fragerunde**: Anbieter stellen Rückfragen zur Klärung
3. **Abgabe von Angeboten**: i. d. R. 2–4 Wochen Frist
4. **Auswertung der Angebote** anhand eines Punktesystems
5. **Einladung zur Live-Präsentation / Systemdemo**
6. **Entscheidung über Shortlist oder Zuschlag**

Tipp: Mindestens drei Angebote einholen – zur Vergleichbarkeit und Vermeidung von Abhängigkeiten.

6.5 Angebotsbewertung anhand eines gewichteten Rasters

Zur objektiven Auswahl eignet sich ein **Punktesystem** mit Gewichtungen je Kriterium. Beispiel:

Kriterium	Gewichtung	Anbieter A	Anbieter B	Anbieter C
Funktionsumfang CMS	30 %	4	5	3
Referenzprojekte	10 %	5	4	4
Usability Redaktionsoberfläche	15 %	4	5	3

Kriterium	Gewichtung	Anbieter A	Anbieter B	Anbieter C
Technische Integrationsfähigkeit	20 %	3	4	5
Support & Betreuung	10 %	4	3	4
Wirtschaftlichkeit (TCO)	15 %	5	3	4
Gesamtbewertung	**100 %**	**4,2**	**4,2**	**3,9**

6.6 Optional: Durchführung eines Proof of Concept (PoC)

Ein **PoC** kann dazu dienen, das System unter realen Bedingungen zu testen – z. B. für:

- Erstellung typischer Inhaltsseiten
- Import von Produktdaten oder Medien
- Abbildung eines Redaktionsworkflows
- Bewertung von Backend und Usability

Der PoC dauert meist 2–4 Wochen und kann vertraglich als Pilotprojekt vereinbart werden. Vorteil: Frühzeitige Vermeidung von Fehlentscheidungen.

6.7 Rechtlicher Rahmen und Vergabekriterien

Wenn öffentliche Auftraggeber involviert sind (z. B. bei Förderprojekten), gelten besondere Vorgaben zur **Vergabeordnung (UVgO, VgV)**. Auch größere Mittelständler greifen auf strukturierte Ausschreibungen zurück, z. B. nach:

- **Verhandlungsverfahren** mit Teilnahmewettbewerb
- **Einladung zur Angebotsabgabe** mit vorgegebenem Fragerahmen
- **Vertrag mit definierten Leistungsbestandteilen (Pflichtenheft)**

Wichtig: Die Einbindung eines juristisch versierten Einkäufers oder Datenschutzbeauftragten ist ratsam – v. a. bei SaaS- oder Cloud-Modellen.

Fehler	Konsequenz	Vermeidung
Anforderungen zu unpräzise	Anbieter liefern nicht vergleichbare Angebote	Konkrete Beispiele, Szenarien und Prioritäten nennen
Funktionswunschlisten ohne Kontext	Lösung wird überdimensioniert	Anwendungsfälle beschreiben
Anforderungen zu technisch formuliert	Fachbereiche verstehen Inhalte nicht	Klarer, laienverständlicher Schreibstil
Keine Bewertungskriterien definiert	Auswahl wird politisch oder subjektiv getroffen	Gewichtetes Raster mit Entscheidungslogik nutzen

Fazit Kapitel 6

Ein professionelles Lastenheft ist das Fundament jeder erfolgreichen CMS-Auswahl. Es hilft, Anforderungen zu konkretisieren, Angebote vergleichbar zu machen und Risiken frühzeitig zu erkennen. In Kombination mit einer strukturierten Ausschreibung kann es die Qualität und Geschwindigkeit des gesamten Projekts deutlich verbessern – und sicherstellen, dass die ausgewählte Lösung auch langfristig trägt.

7.1 Warum ein Proof of Concept im Mittelstand sinnvoll ist

Die Einführung eines Content Management Systems (CMS) ist ein komplexes Vorhaben mit langfristigen Auswirkungen. Im Mittelstand, wo Budgets knapp und Ressourcen begrenzt sind, besteht die Gefahr, sich für ein System zu entscheiden, das im Alltag nicht den tatsächlichen Anforderungen genügt – sei es aus Gründen der Bedienbarkeit, fehlender Integrationsfähigkeit oder unerwarteter Kosten.

Ein **Proof of Concept (PoC)** ist ein ideales Mittel, um solche Risiken zu minimieren. Er dient dazu, das favorisierte CMS im realen Anwendungskontext zu testen – mit echten Inhalten, realen Redakteuren und konkreten Anforderungen. Ziel ist nicht, bereits das ganze System produktionsreif aufzusetzen, sondern eine **bewertbare Grundlage** für die finale Auswahlentscheidung zu schaffen.

7.2 Zielsetzung und Nutzen eines PoC

Ein PoC verfolgt mehrere zentrale Ziele:

- **Praxistest der Benutzerfreundlichkeit:** Funktioniert die Redaktionsoberfläche wie erwartet?
- **Funktionstest:** Können die definierten Muss-Anforderungen abgebildet werden?
- **Technische Integration:** Lässt sich das CMS mit bestehenden Systemen verbinden?
- **Organisatorische Einschätzung:** Wie reagiert das Team auf das neue Tool?
- **Risikoanalyse:** Wo treten technische, organisatorische oder betriebliche Hürden auf?

Ein erfolgreicher PoC gibt Entscheidern die nötige Sicherheit – und erhöht gleichzeitig die Akzeptanz im Team, weil Mitarbeitende früh einbezogen werden.

Ein Proof of Concept sollte strukturiert geplant und dokumentiert werden. Der typische Ablauf umfasst:

1. Definition der Testszenarien

Gemeinsam mit den Fachabteilungen werden 3–5 typische Anwendungsszenarien definiert, z. B.:

- Anlegen einer Produktseite mit Bildern und Downloads
- Übersetzung einer Seite ins Englische
- SEO-Optimierung einer Landingpage
- Integration eines Formulars mit CRM-Anbindung
- Rollenkonfiguration mit Freigabeprozess

2. Vorbereitung der Testumgebung

- Einrichtung eines dedizierten Testsystems (entweder durch Anbieter oder intern)
- Eingespielte Design-Templates oder Basis-Theme
- Zugänge für alle Testpersonen (Redakteure, Admins, Entwickler)
- Beispielinhalte und Medien vorbereiten

3. Durchführung der Tests

- Redakteure und Administratoren testen die definierten Szenarien
- Probleme, Fragen und Auffälligkeiten werden dokumentiert
- Supportleistungen des Anbieters werden mitbeobachtet

4. Bewertung

- Jedes Szenario wird anhand definierter Kriterien bewertet (z. B. Verständlichkeit, Geschwindigkeit, Fehlerfreiheit)
- Zusätzlich: subjektives Feedback der Testpersonen

- Zusammenfassung der Ergebnisse in einer PoC-Dokumentation
- Diskussion der Erkenntnisse mit allen Beteiligten
- Finale Bewertung der CMS-Kandidaten auf Basis des PoC

7.4 Bewertungsmatrix für den CMS-PoC

Ein strukturiertes Bewertungsraster erhöht die Objektivität. Beispiel:

Kriterium	Bewertungsskala (1 = schlecht, 5 = sehr gut)
Übersichtlichkeit der Redaktionsoberfläche	4
Geschwindigkeit beim Speichern von Inhalten	5
Einfachheit der Mehrsprachigkeit	3
Medienintegration	4
Rechte- und Rollenkonfiguration	4
SEO-Metadatenpflege	5
Integration mit externem System (z. B. CRM)	3
Gesamteindruck Support & Betreuung	5

Die Bewertung sollte idealerweise von mehreren Beteiligten unabhängig vorgenommen und anschließend zusammengeführt werden.

Rolle	Aufgabe im PoC
Projektleitung	Gesamtsteuerung, Zeitplan, Kommunikation, Auswertung
Fachbereich (Redaktion, Marketing)	Testen redaktioneller Szenarien, Feedback geben
IT-Abteilung	Unterstützung bei Setup, Schnittstellen und Datenmigration
Anbieter / Dienstleister	Einrichtung Testsystem, Hilfestellung, Support während PoC
Datenschutzbeauftragter	DSGVO-Konformität und Hosting-Anforderungen prüfen

7.6 Gute Praxis: Lessons Learned aus PoC-Projekten

Fallbeispiel 1: CMS überzeugt technisch, scheitert an Benutzerfreundlichkeit

Ein mittelständisches Industrieunternehmen testete ein technisch sehr mächtiges Enterprise-CMS. Im PoC zeigte sich jedoch, dass die Redakteure trotz Schulung nicht in der Lage waren, einfache Seiten eigenständig zu pflegen. Die Entscheidung fiel auf ein alternatives System mit weniger Funktionen, aber hoher Usability – mit langfristig höherem Nutzen.

Fallbeispiel 2: Headless CMS passt strategisch, aber nicht operativ

Ein Marketingteam war begeistert vom API-first-Ansatz eines Headless CMS. Der PoC offenbarte jedoch, dass für jede Layoutanpassung Entwicklerkapazitäten benötigt wurden – ein zu hoher Aufwand für das mittelständische Team ohne eigene IT-Abteilung. Die Entscheidung fiel auf ein hybrides CMS mit visueller Redaktionsoberfläche.

Ein PoC bei einem Softwareunternehmen offenbarte frühzeitig, dass die versprochene Schnittstelle zum bestehenden PIM-System nur rudimentär vorhanden war. Dank PoC wurde das Risiko erkannt – und ein anderer Anbieter gewählt, der eine echte API-Integration ermöglichte.

7.7 Entscheidungsfindung nach dem PoC

Die Ergebnisse des PoC sollten strukturiert dokumentiert und mit den Stakeholdern besprochen werden. Hilfreiche Schritte:

- Gemeinsamer Review-Workshop mit allen Testpersonen
- Gewichtete Gesamtbewertung der getesteten Szenarien
- Abgleich mit ursprünglichen Anforderungen aus Lastenheft
- Dokumentierte Empfehlung an Geschäftsführung oder Steuerungsgremium

Tipp: Auch „negative Ergebnisse" sind wertvoll – sie vermeiden Fehlinvestitionen und stärken die Argumentation für die finale Auswahl.

7.8 Aufwand und Zeitrahmen

Ein PoC kann je nach System, Umfang und Beteiligten in 2–6 Wochen abgeschlossen werden. Der typische Aufwand im Mittelstand liegt bei:

- Projektleitung: ca. 2–5 Tage
- Redaktion / Testpersonen: 0,5–2 Tage pro Person
- IT / Technik: 1–3 Tage
- Dienstleister / Anbieter: abhängig vom Supportvertrag (oft kostenlos im Rahmen der Auswahlphase)

Ein CMS-Proof of Concept bietet mittelständischen Unternehmen die Chance, eine fundierte und praxisnahe Auswahlentscheidung zu treffen. Er minimiert Risiken, erhöht die Akzeptanz und bringt wertvolle Erkenntnisse für die spätere Einführung. Der Aufwand ist überschaubar – der Nutzen oft entscheidend für den Projekterfolg. Unternehmen, die diesen Zwischenschritt ernst nehmen, vermeiden typische Fehlentscheidungen und schaffen die Grundlage für ein tragfähiges CMS-Projekt.

8.1 Warum ein CMS-Projekt eine klare Planung braucht

Die Einführung eines Content Management Systems ist kein reines IT-Projekt – es ist ein unternehmensweites Transformationsvorhaben. Viele CMS-Projekte im Mittelstand scheitern nicht an der Technologie, sondern an mangelnder Planung, unklaren Verantwortlichkeiten oder fehlendem Ressourcenmanagement.

Erfolgreiche CMS-Projekte zeichnen sich durch drei Dinge aus:

1. **Einen realistischen, klar strukturierten Projektplan**
2. **Verantwortlich benannte Rollen mit klaren Zuständigkeiten**
3. **Ausreichend eingeplante interne und externe Ressourcen**

Eine professionelle Projektplanung schafft Transparenz, sorgt für Verbindlichkeit – und schützt vor Termin- und Budgetüberschreitungen.

8.2 Typische Phasen eines CMS-Projekts im Mittelstand

Ein CMS-Projekt lässt sich in folgende Hauptphasen unterteilen:

Phase	Typische Dauer	Inhalte
1. Vorbereitung & Auswahl	4–8 Wochen	Anforderungserhebung, Lastenheft, Anbieterauswahl, PoC
2. Projektinitialisierung	2 Wochen	Kick-off, Ressourcenplanung, Feinplanung
3. Systemeinrichtung & Customizing	4–8 Wochen	CMS-Installation, Template-Entwicklung, Konfiguration

Phase	Typische Dauer	Inhalte
4. Migration & Integration	4–6 Wochen	Übernahme bestehender Inhalte, Schnittstellen zu Drittsystemen
5. Test & Qualitätssicherung	2–3 Wochen	Funktionstests, Redaktionsprozessprüfung, DSGVO-Checks
6. Schulung & Go-live	2 Wochen	Redaktionstrainings, Launchvorbereitung, Liveschaltung
7. Nachbetreuung & Optimierung	4 Wochen	Bugfixing, Support, Verbesserungsmaßnahmen

Tipp: Bei kleinen Projekten (z. B. Website-Relaunch) reichen 12–16 Wochen. Größere Projekte (z. B. Multi-Site-Setups) können bis zu 6 Monate beanspruchen.

8.3 Projektrollen und Verantwortlichkeiten

In einem CMS-Projekt wirken verschiedene Rollen zusammen. Klar definierte Verantwortlichkeiten sind essenziell:

Rolle	Aufgabe
Projektleitung	Steuerung, Koordination, Budgetkontrolle
Geschäftsführung / Sponsor	Strategieabgleich, Entscheidung, Freigabe
Fachabteilung (z. B. Marketing, HR)	Anforderungen, Contentbereitstellung, Test
IT-Verantwortliche	Infrastruktur, Schnittstellen, Sicherheit

Rolle	Aufgabe
Redaktionsteam	Inhaltspflege, Schulungsteilnahme, Feedback
Dienstleister / Agentur	Technische Implementierung, Support, Designentwicklung
Datenschutzbeauftragter	Prüfung auf DSGVO- und Hostingkonformität
ggf. Betriebsrat	Frühzeitige Information bei Intranet-Projekten

Wichtig: Ein klar benannter CMS-Projektverantwortlicher („Product Owner") erhöht die Effizienz und stellt Entscheidungen sicher.

8.4 Interne Ressourcen realistisch einschätzen

Viele mittelständische CMS-Projekte scheitern an mangelnder interner Kapazität – insbesondere in der IT und Redaktion. Folgende Punkte sollten in der Planung beachtet werden:

- **Wer kümmert sich um die Inhalte?**
- **Wer validiert Design und Struktur?**
- **Wer testet Funktionen?**
- **Wie viel Zeit steht den Beteiligten realistisch zur Verfügung?**

Empfehlung: Frühzeitig ein realistisches Zeitbudget mit den Fachbereichen abstimmen – z. B.:

Aufgabe	Beteiligter	Zeitaufwand
Redaktionsworkshop	Marketing / Redaktion	1 Tag
Contentmigration	Redaktion	3–5 Tage (je nach Umfang)

Aufgabe	Beteiligter	Zeitaufwand
Systemtests	IT, Redaktion	1–2 Tage
Schulung	Alle	0,5–1 Tag pro Rolle

8.5 Budgetplanung – was realistisch einplanen?

Ein CMS-Projekt verursacht nicht nur Lizenzkosten, sondern vielfältige Einmalkosten und laufende Ausgaben:

Kostenblock	Typische Kosten (Mittelstand)
Lizenzkosten CMS (falls kommerziell)	0 € – 20.000 €/Jahr (je nach Modell)
Implementierung & Customizing	10.000 € – 50.000 € (je nach Umfang)
Design / Templateentwicklung	3.000 € – 15.000 €
Contentmigration	2.000 € – 10.000 € (ggf. automatisiert)
Schnittstellenentwicklung	5.000 € – 20.000 €
Schulung & Change Management	1.000 € – 5.000 €
Hosting & Betrieb	50 € – 500 € / Monat
Supportvertrag / Wartung	ab 2.000 € / Jahr

Tipp: Eine **reservenorientierte Kalkulation** mit 10–20 % Puffer erhöht die Planungssicherheit.

Viele CMS-Projekte verzögern sich, weil interne Entscheidungen zu langsam fallen, Inhalte nicht rechtzeitig bereitgestellt werden oder technische Probleme auftauchen. Die häufigsten Zeitfallen sind:

- Späte Bereitstellung von Texten, Bildern, Medien
- Langwierige Freigabeschleifen
- Unterschätzte Testphasen
- Verzögerte Entscheidungen durch fehlende Zuständigkeiten

Ein **realistischer Zeitplan** berücksichtigt deshalb:

- Puffertage zwischen Meilensteinen
- Parallelisierbare Aufgaben (z. B. Contentmigration während Templateprogrammierung)
- Einen klar kommunizierten Go-live-Termin mit Rückfallebene

Für ein transparentes Projektmanagement eignen sich Tools wie:

- **Trello / Asana**: Aufgabenverfolgung, Statusvisualisierung
- **MS Project / Gantt-Diagramm**: Zeitplanung mit Abhängigkeiten
- **Confluence / Notion**: Projekt-Wiki, Protokolle, zentrale Kommunikation
- **Excel**: Budgetüberblick, Bewertungsmatrix, Ressourcenplanung

Methodisch empfiehlt sich ein **hybrider Ansatz**: klassische Meilensteinplanung kombiniert mit agilen Elementen (z. B. wöchentliche Abstimmungen, Sprint-Logik für Teilumfänge).

Technik ist planbar – Kommunikation oft nicht. Deshalb gehört zum
Ressourcenmanagement auch ein Kommunikationskonzept:

- **Kick-off mit allen Beteiligten**: Ziele, Rollen, Erwartungen klären
- **Regeltermine** (Jour Fixe): Status, Probleme, Entscheidungen
- **Projektlogbuch**: zentrales Dokument mit Aufgaben, Zuständigkeiten,
  Fortschritt
- **Change Management-Kommunikation**: Redakteure und Nutzer frühzeitig
  einbeziehen

Projektkommunikation ist kein Selbstzweck – sie reduziert Missverständnisse, fördert
Akzeptanz und beschleunigt Entscheidungen.

Fazit Kapitel 8

Ein CMS-Projekt ist nur dann erfolgreich, wenn Zeit, Budget, Personal und
Kommunikation im Gleichgewicht stehen. Im Mittelstand bedeutet das: realistische
Projektziele, klare Verantwortlichkeiten, vorausschauende Ressourcenplanung – und
ein strukturiertes Vorgehen. Wer Planung als Erfolgsfaktor versteht, schafft die
Voraussetzungen für eine reibungslose Einführung und langfristige Nutzung des
Systems.

9.1 Bedeutung der Inhaltsmigration im CMS-Projekt

Die Einführung eines neuen Content Management Systems bringt nicht nur technische Veränderungen mit sich – sie ist vor allem eine inhaltliche Zäsur. Bestehende Inhalte müssen analysiert, überarbeitet, strukturiert und ins neue System übertragen werden. Dieser Prozess – oft verharmlosend als "Datenübernahme" bezeichnet – ist in der Praxis einer der **aufwendigsten und kritischsten** Teile jedes CMS-Projekts.

Typische Herausforderungen:

- Veraltete oder inkonsistente Inhalte
- Unstrukturierte Datenbestände (z. B. Word-Dokumente, PDF-Silos)
- Redundanzen und Dubletten
- Medien ohne Quellenangabe oder Metadaten
- Fehlende SEO-konforme Struktur

Eine erfolgreiche Migration ist deshalb **mehr als ein technischer Vorgang** – sie ist ein strategischer Inhaltstransfer, der die Grundlage für alle künftigen digitalen Aktivitäten legt.

9.2 Analyse der bestehenden Inhalte

Bevor Inhalte übernommen werden, ist eine gründliche **Content-Analyse** notwendig. Sie umfasst:

Analysebereich	Zielsetzung
Inhaltsarten	Welche Contenttypen gibt es? (z. B. Produkttexte, News, FAQs, Formulare)
Inhaltsqualität	Welche Inhalte sind aktuell, korrekt, relevant?
Redundanzanalyse	Wo existieren Dubletten oder überflüssige Inhalte?

Analysebereich	Zielsetzung
Strukturprüfung	Wie logisch ist die Navigation? Gibt es thematische Überschneidungen?
SEO-Bewertung	Welche Seiten ranken bei Google? Welche Inhalte sind suchrelevant?
Metadatenanalyse	Welche Inhalte verfügen über Title, Description, Alt-Texte, Tags etc.?
Medientypen und -größen	Welche Medienformate müssen migriert und neu strukturiert werden?

Ergebnis: eine **Content-Migrationsmatrix**, die zeigt, was übernommen, überarbeitet, gelöscht oder neu erstellt werden muss.

9.3 Strategien für die Inhaltsmigration

Je nach Ausgangslage und CMS-Zielarchitektur stehen verschiedene Migrationsansätze zur Verfügung:

Manuelle Migration

- Inhalte werden per Copy & Paste ins neue CMS übertragen
- Medien werden neu eingebunden
- Struktur wird neu aufgebaut

Vorteile:

- Höchste Qualität und redaktionelle Kontrolle
- Möglichkeit zur gleichzeitigen Überarbeitung

Nachteile:

- Hoher Zeitaufwand
- Fehleranfällig bei großen Mengen

- Inhalte werden per Skript, Datenbankzugriff oder Importfunktion übertragen
- Metadaten und Medien werden über Mappings automatisch zugewiesen

Vorteile:

- Zeitersparnis bei großen Datenmengen
- Wiederholbare Migrationslogik

Nachteile:

- Technischer Aufwand
- Erfordert intensives Testing

Hybride Migration

- Relevante Inhalte werden automatisiert übernommen
- Komplexe oder veraltete Inhalte manuell überarbeitet

Die hybride Methode ist für viele mittelständische Unternehmen der praktikabelste Weg – Effizienz und Qualität im Einklang.

9.4 Technische Werkzeuge und Hilfsmittel

Für die Migration stehen je nach CMS und Quellsystem unterschiedliche Werkzeuge zur Verfügung:

- **CMS-eigene Importmodule** (z. B. WordPress-Importer, TYPO3 DataHandler)
- **Skripte und SQL-Abfragen** für Datenbankzugriffe
- **XML/CSV-Exporte** aus dem alten System und Zuordnungstabellen
- **ETL-Tools** (Extract – Transform – Load) für komplexe Datenmigrationen

- **Crawler-Tools** (z. B. Screaming Frog), um Inhalte systematisch zu erfassen

Wichtig: Migrationstests in einer **Staging-Umgebung** durchführen – nie direkt im Live-System.

Medienmigration ist häufig unterschätzt – dabei gehören Bilder, PDFs, Videos und Downloads zu den zentralen Bestandteilen moderner Websites.

Zu beachten:

- Medien müssen konsistent benannt und kategorisiert werden
- Alt-Texte und Bildbeschreibungen sind für Barrierefreiheit und SEO essenziell
- Duplikate sollten entfernt oder konsolidiert werden
- Pfade und Dateinamen müssen SEO-freundlich aufgebaut sein
- Lizenz- und Urheberrechte prüfen!

Tipp: Eine zentrale Mediathek im neuen CMS mit Metadatenverwaltung spart später viel Aufwand.

Eine unsaubere Migration kann den SEO-Erfolg jahrelanger Arbeit ruinieren. Daher sind folgende Punkte kritisch:

Maßnahme	Bedeutung
301-Weiterleitungen	Alte URLs auf neue Pfade umleiten, um Linkjuice zu erhalten
Sitemap-Aktualisierung	Neue Sitemap.xml im CMS generieren und bei Google einreichen

Maßnahme	Bedeutung
Alt-Texte und Metadaten	Sicherstellen, dass Bilder wieder korrekt beschrieben sind
URL-Strukturplanung	Sprechende, konsistente URLs mit Keywordbezug
Duplicate Content vermeiden	Nicht versehentlich Inhalte doppelt einspielen oder auffindbar machen

Tipp: Vorher–Nachher-Analyse mit SEO-Tools wie Sistrix, Ryte oder Google Search Console durchführen.

9.7 Zeitaufwand realistisch planen

Die Migration ist oft der größte Engpass im Projektzeitplan. Erfahrungswerte aus mittelständischen Projekten:

Umfang Website	Migrationsdauer (inkl. Tests, Freigabe)
< 100 Seiten	ca. 5–10 Arbeitstage
100–500 Seiten	ca. 2–4 Wochen
> 500 Seiten	1–2 Monate

Empfehlung: Inhalte frühzeitig migrieren, parallel zur technischen Umsetzung – mit Priorisierung der Kerninhalte.

9.8 Content-Governance nach der Migration

Nach der Migration ist vor der redaktionellen Zukunft. Deshalb sollten CMS-Projekte immer auch einen nachhaltigen **Content-Governance-Plan** beinhalten:

- **Redaktionsrichtlinien:** z. B. Tonalität, Stil, Bildsprache
- **Metadaten-Standards:** Einheitliche Pflege von SEO-Informationen
- **Versionierung & Freigaben:** Dokumentierte Prozesse für Änderungen
- **Archivierungsregeln:** Definition, wann Inhalte gelöscht oder archiviert werden
- **Zuständigkeiten:** Wer ist für welchen Bereich verantwortlich?

So bleibt die Qualität nach dem Projektstart dauerhaft hoch – auch bei wachsender Anzahl von Inhalten und Beteiligten.

Die Inhaltsmigration ist ein kritischer Erfolgsfaktor für jedes CMS-Projekt – technisch, organisatorisch und inhaltlich. Wer frühzeitig analysiert, sorgfältig plant und systematisch migriert, legt den Grundstein für eine professionelle, strukturierte und suchmaschinenfreundliche Content-Plattform. Mittelständische Unternehmen profitieren besonders von einem hybriden Migrationsansatz, einer sauberen SEO-Strategie und einer klaren Governance-Struktur – so wird aus der Datenübernahme ein echter strategischer Neustart.

Kapitel 10: Customizing und Integration

10.1 Warum Anpassung und Integration erfolgsentscheidend sind

Ein modernes Content Management System (CMS) bietet standardisierte Funktionen – doch kein System passt im „Out-of-the-box"-Zustand perfekt zu den Anforderungen eines mittelständischen Unternehmens. Damit das CMS **wirklich produktiv nutzbar** ist, müssen zentrale Bereiche an die individuellen Geschäftsprozesse, das Corporate Design und die bestehende Systemlandschaft angepasst werden. Diese Phase des Projekts – **Customizing und Integration** – entscheidet über die tatsächliche Praxistauglichkeit des CMS im täglichen Einsatz.

Customizing umfasst alle Maßnahmen, mit denen die **Standardfunktionalitäten** des CMS an die spezifischen Anforderungen des Unternehmens angepasst werden – ohne den Kern des Systems zu verändern.

Typische Customizing-Maßnahmen sind:

- **Layout- und Template-Anpassungen**: Umsetzung des Corporate Designs, responsive Design, modulare Komponenten
- **Strukturierung der Seiteninhalte**: Inhaltsblöcke, Inhaltsvorlagen, wiederverwendbare Elemente
- **Einrichtung von Redaktions-Workflows**: Freigabeschritte, Kommentare, Rollenrechte
- **Benutzeroberfläche anpassen**: Felder ein- oder ausblenden, Reihenfolge von Eingabefeldern
- **Sprach- und Lokalisierungseinstellungen**: Pflege mehrsprachiger Inhalte und zugehöriger Regeln
- **Erweiterung um eigene Module/Plugins**: z. B. Eventkalender, Stellenbörse, Produktfilter

Wichtig: Anpassungen sollten möglichst **updatekompatibel** erfolgen – z. B. über Themes, Konfigurationsdateien oder eigene Erweiterungsmodule statt Kerncode-Veränderungen.

Eine der wichtigsten Anpassungen ist die Umsetzung des Website-Designs im CMS – über sogenannte **Templates**. Diese definieren das Aussehen und Verhalten von Seiten, Navigation, Inhaltsmodulen und Komponenten.

Elemente eines Templates:

Baustein	Beschreibung
Grundlayout	Header, Footer, Sidebar, Inhaltsbereich
Komponenten	z. B. Hero-Bild, Infobox, Kontaktformular, CTA-Boxen
Inhaltstypen	z. B. News, Produktseite, Veranstaltung, Landingpage
Navigationselemente	Hauptmenü, Submenü, Breadcrumb, Mobile Navigation
Darstellung Medien	Slidertools, Lightbox, Galerien

Best Practice: Modularisierung – Templates sollten in **wiederverwendbare Komponenten** unterteilt werden, um Inhalte flexibel kombinieren zu können.

10.4 Integration von Drittsystemen

Ein CMS entfaltet seinen vollen Nutzen nur dann, wenn es **nicht isoliert** betrieben wird, sondern mit der bestehenden Systemlandschaft **integriert** ist. Mittelständische Unternehmen setzen häufig folgende Systeme ein:

Drittsystem	Typische Integration im CMS
CRM (z. B. Salesforce, Zoho, HubSpot)	Leadformulare, Newsletter-Opt-ins, personalisierte Inhalte
PIM (Product Information Management)	Produktdatenimport, dynamische Produktseiten
DAM (Digital Asset Management)	Medienverwaltung, Bilddatenbank, Zugriffsrechte
ERP (z. B. SAP, Microsoft Dynamics)	Preis- und Verfügbarkeitsanzeigen, Datenabgleich

Drittsystem	Typische Integration im CMS
Newsletter-Systeme (z. B. Mailchimp, CleverReach)	Anmeldemasken, DSGVO-Dokumentation
E-Commerce-Plattformen	Produktanzeigen, Verlinkung auf Shop, synchronisierte Bestände
Bewerbertools / ATS (z. B. Prescreen, Softgarden)	Karriereseiten mit Formularanbindung

Technologien für Integrationen:

- REST / GraphQL APIs
- Webhooks
- iFrame- oder Widget-Einbindungen
- CSV- oder XML-Importe / Exporte
- Middleware (z. B. Zapier, n8n, Make)

Wichtig: Schnittstellen sollten dokumentiert, wartbar und versioniert sein – für zukünftige Erweiterungen.

10.5 Single Source of Truth – und was das mit CMS zu tun hat

In vielen Unternehmen schlummern Produkttexte, Ansprechpartner, Medien oder Termine in mehreren Systemen gleichzeitig – was zu Inkonsistenzen führt. Ziel einer guten CMS-Integration ist es, das CMS **nicht zur Datenhalde**, sondern zur **Darstellungsplattform** zu machen.

Das bedeutet:

- **Produktdaten** werden im PIM gepflegt und nur angezeigt im CMS
- **Kontaktinformationen** stammen aus dem CRM
- **Bilder und Videos** werden im DAM verwaltet

- **Texte** für Newsletter stammen aus dem CMS, die Empfänger aber aus dem CRM

So entsteht eine klare Rollenverteilung und Datenhoheit – die Voraussetzung für skalierbare digitale Prozesse.

10.6 Erweiterbarkeit und zukünftige Anforderungen

Die Anforderungen an das CMS werden sich im Laufe der Zeit weiterentwickeln. Deshalb sollte das System von Beginn an auf **Erweiterbarkeit und Modularität** ausgelegt sein:

- Möglichkeit zur Entwicklung eigener Plugins
- Schnittstellen für neue Kanäle (z. B. App, Sprachassistenten)
- Anbindung externer Services wie Chatbots, KI-Bildgeneratoren, Übersetzungstools
- Unterstützung für Progressive Web Apps (PWA)
- Headless-Ausgabe für zukünftige Frontends

CMS-Systeme, die auf API-First, Microservices oder modularer Architektur basieren, bieten hier klare Vorteile.

10.7 Testing und Qualitätssicherung

Vor dem Go-live müssen alle individuell entwickelten Komponenten und Integrationen intensiv getestet werden:

Testart	Ziel
Funktionstest	Verhalten der Module, Formulare, Navigation
Kompatibilitätstest	Darstellung in verschiedenen Browsern und Geräten

Testart	Ziel
Performance-Test	Ladezeit der Seiten, Reaktion bei Last
Sicherheitstest	Zugriffsschutz, Datenvalidierung, SQL-Injection, XSS-Vermeidung
Integrations-Check	CRM, PIM, Newsletter-Anbindung funktioniert zuverlässig

Tipp: Testfälle in einem **Testprotokoll** dokumentieren, um bei Änderungen nachvollziehen zu können, was geprüft wurde.

10.8 Dokumentation und Übergabe

Ein wesentlicher Erfolgsfaktor ist die **technische und redaktionelle Dokumentation**:

- Funktionsbeschreibungen der Templates
- Hinweise zur Pflege komplexer Inhalte
- Anleitung zur Medienpflege und Bildgrößen
- Informationen zu Schnittstellen (API-Zugänge, Authentifizierung)
- Änderungsprotokoll bei Customizing-Anpassungen

Diese Dokumentation erleichtert Wartung, Schulung und spätere Weiterentwicklung – besonders bei Personalwechseln oder Agenturwechseln.

Fazit Kapitel 10

Die Anpassung und Integration des CMS ist das Herzstück der Projektumsetzung. Nur wenn das System auf die Bedürfnisse des Unternehmens zugeschnitten und in bestehende Prozesse eingebunden ist, kann es sein volles Potenzial entfalten. Ein gut konfiguriertes CMS mit sauber integrierten Drittsystemen bietet nicht nur technische Exzellenz, sondern auch eine hohe Alltagstauglichkeit – und schafft die Grundlage für weitere digitale Innovationen.

11.1 Warum der Go-live nicht das Ende, sondern der Anfang ist

Mit dem Abschluss der technischen Implementierung und der Inhaltsmigration steht der sichtbare Teil des CMS-Projekts kurz vor dem Abschluss – doch der eigentliche Praxistest beginnt erst mit dem **Go-live**. Genau jetzt zeigt sich, ob das System tatsächlich verstanden, akzeptiert und effektiv genutzt wird.

Ein erfolgreicher Go-live ist kein Zufall. Er basiert auf:

- gezielter Schulung aller Beteiligten
- strukturierter Vorbereitung des Rollouts
- durchdachter interner Kommunikation
- systematischem Change Management

Nur wenn die Redakteur:innen und Administrator:innen motiviert und befähigt sind, das neue CMS sicher zu bedienen, wird es im Alltag produktiv eingesetzt. Technisch perfekte Systeme sind wertlos, wenn sie im Unternehmen nicht gelebt werden.

11.2 Schulungsformate für eine erfolgreiche Einführung

Zielgruppenorientiertes Schulungskonzept

Ein CMS wird von unterschiedlichen Rollen genutzt. Daher sollten Schulungen nach Zielgruppen differenziert geplant werden:

Zielgruppe	Inhalte der Schulung
Redakteur:innen	Inhalte anlegen, Module nutzen, Medien einbinden, Metadaten pflegen
Freigabeberechtigte	Bearbeitungs- und Freigabeprozesse, Qualitätssicherung
Administratoren	Benutzerverwaltung, Rechtevergabe, CMS-Konfiguration

Zielgruppe	Inhalte der Schulung
Technik / IT	Systemupdates, Schnittstellenverwaltung, Backups, Monitoring
Führungskräfte	Überblick über Funktionen, Reporting, Governance

Mögliche Schulungsformate

- **Live-Workshops vor Ort oder online** (z. B. 1–2 Stunden je Zielgruppe)
- **Schulungsvideos** oder Screencasts für die Selbstlernphase
- **CMS-Handbuch** oder Wiki mit Screenshots, Checklisten, FAQs
- **Super-User-Ansatz**: Multiplikatoren im Unternehmen ausbilden
- **Follow-up-Sessions** nach einigen Wochen zur Vertiefung

Tipp: Lerninhalte sollten **konkret auf das firmenspezifische CMS-Setup** zugeschnitten sein – nicht nur allgemeine Systemfunktionen beschreiben.

11.3 Der Go-live-Prozess: strukturierter Ablauf

Der Go-live eines CMS sollte geplant, begleitet und kontrolliert erfolgen. Typische Schritte sind:

1. Launch-Planung

- Zieltermin mit Puffer definieren
- Freigabeprozess für Inhalte abschließen
- Abstimmung mit IT für DNS-Umstellung, Zertifikate, Hosting
- Termin der Liveschaltung intern kommunizieren

2. Letzte Tests und Checks

- Funktionstest aller Module und Formulare
- Prüfung der mobilen Darstellung
- SEO-Checks (Weiterleitungen, Sitemap, Robots.txt)

- Sicherheitsprüfung (Zugriffsrechte, Backups)

- DNS-Umstellung oder Liveschaltung durch Provider
- Monitoring der Website (Verfügbarkeit, Geschwindigkeit, Fehler)
- Supportteam in Bereitschaft

4. Nachkontrolle

- Auswertung erster Nutzerreaktionen
- Fehlerprotokoll führen und nachbessern
- Feedbackrunde mit Redaktion, Technik und Projektleitung

11.4 Change Management – mehr als nur Schulung

Die Einführung eines CMS ist für viele Mitarbeitende ein tiefgreifender Wandel – insbesondere dann, wenn vorher mit statischen Systemen, Word-Dokumenten oder manuellen Prozessen gearbeitet wurde. Ohne aktives **Change Management** drohen Unsicherheit, Ablehnung oder Demotivation.

Erfolgsfaktoren für Change Management:

- **Frühe Einbindung der Beteiligten** (z. B. über Workshops, Interviews, Pilotredaktionen)
- **Transparente Kommunikation** (Ziele, Zeitplan, Vorteile, Supportangebote)
- **Sichtbare Unterstützung der Führungsebene**
- **Erfolgsgeschichten kommunizieren** („Was hat das neue CMS verbessert?")
- **Anlaufstellen für Fragen schaffen** (Support-Mail, Wiki, Super-User)

Tipp: Change Management ist kein Add-on, sondern integraler Bestandteil eines erfolgreichen CMS-Projekts – gerade im Mittelstand, wo neue Tools oft auf Skepsis stoßen.

Auch nach dem Go-live gilt es, die langfristige Nutzung des CMS zu sichern. Wichtige Maßnahmen:

Maßnahme	Ziel
Regelmäßige Redaktionsmeetings	Erfahrungsaustausch, Problemklärung, Best Practices
Redaktionelle Erfolgsmessung	Seitenzugriffe, Sichtbarkeit, Conversion-Raten
Redaktionelle Verantwortlichkeiten	Klare Zuständigkeiten je Inhaltsbereich definieren
Feedback-Kanäle etablieren	Verbesserungsvorschläge aufnehmen und umsetzen
Regelmäßige CMS-Updates und Pflege	Technische Stabilität und Sicherheit sicherstellen
Onboarding neuer Mitarbeitender	Schulungsmaterial bereitstellen, Redaktionsrechte verwalten

11.6 Lessons Learned: Häufige Fehler beim Go-live

Fehler	Konsequenz	Vermeidung
Inhalte noch nicht freigegeben oder unvollständig	Website wirkt unfertig, Image-Schaden	Redaktionsdeadlines klar kommunizieren
Technische Tests unvollständig	Fehlerhafte Formulare, fehlende Weiterleitungen	Go-live-Checkliste durchgehen, Testlauf mit Testusern

Fehler	Konsequenz	Vermeidung
Schulung zu spät oder zu allgemein	Unsicherheit, Bedienfehler, Ablehnung	Zielgruppenspezifische Schulung im Vorfeld durchführen
Keine interne Kommunikation	Widerstand, Gerüchte, Missverständnisse	Projektstory und Ziele früh und regelmäßig kommunizieren
Kein Plan für Post-Go-live-Support	Nutzer fühlen sich im Stich gelassen	Helpdesk, Super-User, Slack-/Teams-Channel einrichten

Ein CMS-Projekt endet nicht mit der technischen Umsetzung – es beginnt mit dem Go-live. Damit das System nicht nur eingeführt, sondern auch erfolgreich **genutzt** wird, braucht es gezielte Schulungen, strukturierte Rolloutprozesse und aktives Change Management. Mittelständische Unternehmen profitieren besonders, wenn sie frühzeitig auf Akzeptanzsicherung, interne Kommunikation und kontinuierliche Unterstützung setzen. So wird aus dem Tool ein echter Mehrwert – nicht nur für die IT, sondern für die gesamte Organisation.

12.1 Warum der Betrieb genauso wichtig ist wie die Einführung

Nach einem erfolgreichen Go-live rückt das CMS in den **Regelbetrieb** über – und damit beginnt die **Phase der kontinuierlichen Betreuung**. Dabei wird häufig unterschätzt, wie viel Aufwand und Verantwortung mit einem dauerhaft stabilen, sicheren und nutzerfreundlichen CMS-Betrieb verbunden sind.

Insbesondere im Mittelstand – wo personelle Redundanzen selten sind und externe Unterstützung oft projektbezogen endet – ist ein durchdachtes Betriebs- und Wartungskonzept essenziell.

12.2 Betriebsmodelle für CMS-Systeme

Je nach CMS-Architektur und Unternehmensstrategie kommen unterschiedliche Betriebsmodelle infrage:

Modell	Beschreibung	Typische Einsatzszenarien
On-Premises	Betrieb auf eigenen Servern im Unternehmen oder Rechenzentrum	Hohe Kontrolle, spezielle Sicherheitsanforderungen
Private Cloud	Betrieb auf dedizierten Servern bei Hosting-Partner	Kombiniert Sicherheit mit externer Verantwortung
Public Cloud / SaaS	Betrieb durch Hersteller oder Hoster (z. B. WordPress.com, Contentful)	Schnell, wartungsarm, ideal für kleine Teams
Managed Hosting	Hosting inkl. Wartung, Backup, Monitoring durch Agentur oder Provider	Mittelweg zwischen Eigenbetrieb und SaaS

Tipp: Die Wahl des Modells sollte auch davon abhängen, wie viele IT-Ressourcen intern verfügbar sind und wie hoch die Anforderungen an Datenschutz, Verfügbarkeit und Skalierbarkeit sind.

12.3 Wartungsaufgaben im laufenden Betrieb

Regelmäßige Aufgaben:

Aufgabe	Frequenz	Verantwortung
Sicherheits- und Funktionsupdates	mind. monatlich	IT / externer Dienstleister
Backup und Wiederherstellungstest	wöchentlich / monatlich	IT / Hostinganbieter
User- und Rechteverwaltung	bei Personalwechsel	CMS-Admin / IT
CMS-Logins prüfen / Zugänge entziehen	bei Austritt Mitarbeitender	CMS-Admin
Broken Link Check	1× pro Quartal	Redaktion / SEO-Verantwortliche
Performanceprüfung (Ladezeiten)	2× pro Jahr	IT / externer SEO-Dienstleister

Wartungsvertrag sinnvoll?

Ein Wartungsvertrag mit einem Systemanbieter oder einer betreuenden Agentur kann folgende Leistungen enthalten:

- Regelmäßige Updates (Core, Plugins, Themes)
- Sicherheitspatches
- Uptime- und Verfügbarkeitsüberwachung
- Fehlerbehebung bei Ausfällen

- Updatekompatibilität bei CMS-Anpassungen

Kostenrahmen: 1.000 – 5.000 € jährlich, je nach Umfang und SLA.

Backups sind der Sicherheitsgurt im CMS-Betrieb. Ein vollständiges Backup-Konzept muss enthalten:

- **Automatisierte, tägliche Backups** (Dateien & Datenbank)
- **Mehrstufige Sicherung** (z. B. lokal, Cloud, externes Rechenzentrum)
- **Versionierung** (z. B. 7-Tage-Historie)
- **Test der Wiederherstellbarkeit** mind. 1× pro Quartal
- **Notfallkontaktliste** und Recovery-Plan

Empfehlung: Redundante Speicherorte und Backup-Monitoring erhöhen die Sicherheit deutlich – gerade bei Ransomware-Risiken.

Ein stabiles CMS braucht transparente Kontrolle. Zu den wichtigsten Monitoring-Maßnahmen zählen:

Monitoring-Bereich	Ziel	Tool-Beispiele
Verfügbarkeit / Uptime	Ausfälle sofort erkennen	UptimeRobot, Pingdom
Ladezeit / Performance	Performance-Einbrüche analysieren	GTmetrix, PageSpeed Insights, WebPageTest
Fehlerprotokolle	Technische Probleme aufdecken	Server-Logfiles, CMS-interne Logs

Monitoring-Bereich	Ziel	Tool-Beispiele
SEO-Status	Sichtbarkeit und technische Fehler prüfen	Google Search Console, Ryte
Sicherheitschecks	Angriffe und Schwachstellen früh erkennen	WPScan, Sucuri, Security Headers Check

Wichtig: Alarme und Reports sollten automatisiert erstellt und regelmäßig kontrolliert werden.

12.6 Supportkonzepte und Service Level Agreements (SLA)

Je nach Komplexität des CMS-Betriebs empfiehlt sich ein gestaffelter **Supportplan** mit definierten **SLA-Zeiten**:

Supportlevel	Leistungen	Reaktionszeit (Beispiel)
1st-Level	Erstanfragen, Bedienfragen, Loginprobleme	< 8 Stunden (werktags)
2nd-Level	Technische Analyse, Schnittstellenprobleme	< 24 Stunden
3rd-Level / Hersteller	Fehler im Core oder bei Spezialfunktionen	nach Vereinbarung (z. B. 48 h)

Inhalte eines SLA-Vertrags:

- Kontaktpersonen / Zuständigkeiten
- Erreichbarkeitszeiten (Hotline, E-Mail, Ticketsystem)
- Reaktions- und Lösungszeiten

- Eskalationsstufen
- Änderungsmanagement / Änderungsfreigabeprozess

Für kleinere Mittelständler reicht oft ein **Standard-Supportpaket** mit klar definierten Ansprechpartnern und garantierter Erreichbarkeit.

Sicherheitsaspekte werden im Regelbetrieb oft vernachlässigt. Ein gutes CMS-Betriebskonzept sollte folgende Maßnahmen regelmäßig umsetzen:

- Zwei-Faktor-Authentifizierung für Admin-Zugänge
- Regelmäßige Prüfung und Entfernung inaktiver Nutzer
- Verwendung aktueller CMS-Versionen und sicherer Plugins
- Schutzmechanismen gegen Brute-Force-Angriffe
- Verschlüsselung sensibler Daten (z. B. HTTPS, Passwörter, Formulardaten)
- Logging aller Administrationsvorgänge

Empfehlung: Mindestens 1× jährlich ein externer **Security-Audit** durch einen Dienstleister oder Pentest-Tool.

Ein CMS benötigt auch nach dem Go-live definierte Rollen im Unternehmen:

Rolle	Aufgaben im Betrieb
CMS-Admin	Benutzerverwaltung, Konfiguration, Updatefreigabe
IT-Verantwortliche	Backup, Hosting, Serverkonfiguration, Performancekontrolle

Rolle	Aufgaben im Betrieb
Fachliche Redaktion	Inhaltspflege, Qualitätssicherung, Meldung von Problemen
Datenschutzbeauftragter	Überwachung DSGVO-Konformität, Prüfung bei Änderungen an Formularen / Tracking
Externer Supportpartner	Technischer Betrieb, 2nd- und 3rd-Level-Support

Empfehlung: Eine zentrale Betriebsverantwortung (CMS-Produktverantwortlicher) fördert Koordination und Weiterentwicklung.

Fazit Kapitel 12

Ein CMS ist kein Projekt, das mit dem Go-live endet – es ist ein dauerhaft betriebenes System, das gepflegt, überwacht und weiterentwickelt werden muss. Gerade im Mittelstand sollten Betrieb, Wartung und Support klar organisiert, dokumentiert und regelmäßig überprüft werden. Wer Sicherheit, Verfügbarkeit und Akzeptanz sicherstellen will, braucht einen soliden Betrieb – professionell, ressourcenschonend und zukunftssicher.

13.1 Warum Zukunftssicherheit heute schon mitgedacht werden muss

Technologiezyklen werden kürzer. Was heute als modernes Content Management System gilt, kann in wenigen Jahren schon wieder veraltet sein – technisch, funktional oder sicherheitstechnisch. Gerade für mittelständische Unternehmen ist es daher essenziell, bei der CMS-Auswahl und -Nutzung **nicht nur an die nächsten Monate**, sondern an die **kommenden 3–5 Jahre** zu denken.

Zukunftssicherheit bedeutet dabei:

- Flexibilität gegenüber neuen Anforderungen
- Technologische Anschlussfähigkeit
- Wartbarkeit und Weiterentwicklung
- Einhaltung regulatorischer Standards
- Nutzerzentrierte, barrierefreie und nachhaltige Inhalte

13.2 Headless, API-first und hybride Architekturen

Ein zentraler Trend im CMS-Markt ist die Ablösung klassischer, monolithischer Systeme zugunsten **modularer, API-basierter Architekturen**. Diese bieten große Vorteile in Bezug auf Flexibilität, Skalierbarkeit und Multikanalfähigkeit.

Headless CMS

Ein Headless CMS trennt Inhalt und Darstellung vollständig. Inhalte werden über APIs (REST, GraphQL) bereitgestellt und können flexibel an verschiedene Frontends ausgeliefert werden: Websites, Apps, Intranets, digitale Assistenten.

Vorteile:

- Unabhängigkeit vom Frontend
- Einsatz auf vielen Kanälen gleichzeitig
- Skalierbarkeit durch Microservices

Herausforderungen:

- Hoher Entwicklungsaufwand
- Höhere Anforderungen an das IT-Team
- Kein visuelles Backend für Redakteure

Hybride CMS verbinden die Vorteile beider Welten: Sie bieten klassische Redaktionsoberflächen **plus** API-Ausgabe. Damit eignen sie sich besonders für mittelständische Unternehmen, die heute eine Website betreiben – aber morgen eine App oder Progressive Web App (PWA) anschließen möchten.

Empfehlung: Ein CMS sollte heute mindestens eine **Headless-Option** bieten, auch wenn sie nicht sofort genutzt wird – das schützt vor späteren Umstiegszwängen.

13.3 Personalisierung und KI im CMS-Umfeld

Moderne CMS-Lösungen entwickeln sich zunehmend zu **intelligenten Plattformen**, die nicht nur Inhalte verwalten, sondern sie **kontextualisiert und personalisiert** ausspielen.

Einsatzmöglichkeiten künstlicher Intelligenz:

- **Content-Personalisierung**: Inhalte abhängig vom Nutzerverhalten oder -profil anzeigen
- **Content-Erstellung**: KI-gestützte Textvorschläge (z. B. für Teaser, SEO-Texte)
- **Bildbearbeitung und Medienvorschläge**
- **Barrierefreiheitsprüfung** (z. B. durch automatische Kontrastanalyse)
- **Chatbots und Conversational Interfaces** (z. B. FAQs im Kundenportal)

Voraussetzung: Ein CMS muss offen für **Plugin- oder API-basierte KI-Services** sein, um neue Tools einfach integrieren zu können.

Barrierefreies Webdesign ist längst kein freiwilliger Bonus mehr, sondern ein **gesetzlicher und ethischer Standard** – insbesondere für öffentliche Auftraggeber oder Unternehmen, die digitale Services bereitstellen.

Anforderungen (gemäß WCAG / BITV 2.0):

- Klare Navigationsstruktur
- Tastaturbedienbarkeit
- Alternativtexte für Bilder
- Kontraste und Schriftgrößen skalierbar
- Sauber strukturierter HTML-Code

Empfehlung: Setze auf CMS mit:

- barrierefreien Templates oder Komponenten
- Prüfmodulen für Accessibility (z. B. axe, Wave)
- Updatefähiger Unterstützung von Standards (z. B. WCAG 2.1 AA)

Barrierefreiheit ist Zukunftssicherheit. Denn barrierefreie Inhalte sind gleichzeitig suchmaschinenfreundlich, mobilfähig – und für alle Menschen besser nutzbar.

Auch **digitale Systeme haben einen ökologischen Fußabdruck** – durch Serverinfrastruktur, Datenmengen und Ladezeiten. Unternehmen, die nachhaltig wirtschaften wollen, müssen auch ihre CMS-Strategie darauf abstimmen.

Nachhaltige CMS-Nutzung bedeutet:

- **Reduzierte Ladezeiten und Datenmengen** (kleinere Bilder, optimiertes HTML/CSS/JS)
- **Green Hosting** (zertifizierte Rechenzentren, Ökostrom)

- **Verzicht auf unnötige Tracking-Skripte und Third-Party-Elemente**
- **Monitoring des Energieverbrauchs** (z. B. mit Website Carbon Calculator)

Digitale Nachhaltigkeit ist Teil einer zukunftsorientierten Markenführung.
Nutzer:innen und Suchmaschinen bevorzugen performante, ressourcenschonende
Websites.

13.6 Governance und Lifecycle-Management

Ein CMS-Projekt endet nicht mit dem Go-live. Um die Zukunftssicherheit dauerhaft
zu gewährleisten, braucht es ein **Lifecycle-Management**:

Bereich	Maßnahme
Technisch	Regelmäßige Updates, SLA-Monitoring, Sicherheitsprüfung
Inhaltlich	Redaktionsrichtlinien, Archivierungsstrategien, Content-Audits
Organisatorisch	Rollen, Verantwortlichkeiten, Nachfolgeplanung
Strategisch	Prüfung neuer Kanäle, Systemerweiterungen, technologische Trends

Tool-Tipp: Nutze ein zentrales **CMS-Wiki oder Governance-Handbuch**, in dem
alle Regeln, Standards und Zuständigkeiten dokumentiert sind.

13.7 Strategien für die kontinuierliche Optimierung

Zukunftssicherheit ist kein Zustand – sondern ein Prozess. Mittelständische
Unternehmen sollten ihre CMS-Plattform regelmäßig evaluieren und
weiterentwickeln:

- **Jährlicher CMS-Check** (z. B. mit externer Unterstützung):
  – Performance
  – Sicherheit
  – Inhaltliche Qualität
  – SEO-Status
  – Nutzerfeedback
- **Redaktions-Feedbackrunden** zur Verbesserung der Usability
- **Erfolgsmessung über KPIs**: z. B. Seitenaufrufe, Conversion Rate, Time on Page
- **Proaktive Weiterentwicklung**: z. B. Microsites, Kundenportal, Intranet, App-Anbindung

Fazit Kapitel 13

Ein CMS ist nur dann eine langfristige Investition, wenn es mit den Anforderungen von morgen mithalten kann. Technologische Trends wie Headless-Architekturen, KI-Integration und Barrierefreiheit sind keine Spezialthemen mehr – sie werden zur Basis moderner digitaler Kommunikation. Mittelständische Unternehmen, die diese Themen strategisch mitdenken, sichern nicht nur die Nutzbarkeit und Akzeptanz ihres CMS, sondern gestalten aktiv ihre digitale Zukunft.

14.1 Warum CMS-Projekte im Mittelstand besondere Anforderungen stellen

Mittelständische Unternehmen stehen bei der Digitalisierung ihrer Kommunikationskanäle vor einer doppelten Herausforderung: Einerseits wachsen die Erwartungen von Kunden, Partnern und Bewerber:innen an eine moderne, performante und serviceorientierte Onlinepräsenz. Andererseits sind Ressourcen – personell, finanziell und organisatorisch – meist begrenzt.

Ein Content Management System (CMS) kann hier einen entscheidenden Beitrag leisten – **wenn es sorgfältig ausgewählt, strukturiert eingeführt und nachhaltig betrieben wird**. Der Mittelstand braucht keine komplexen Enterprise-Suiten, sondern **passende, skalierbare und wirtschaftlich betreibbare Lösungen**, die schnell Mehrwert stiften.

14.2 Zehn zentrale Erfolgsfaktoren

Im Verlauf dieses Buches haben sich aus über 100 CMS-Projekten in mittelständischen Unternehmen folgende Erfolgsfaktoren herauskristallisiert:

Nr.	Faktor	Begründung
1	**Klare Zieldefinition**	Was soll das CMS leisten – und für wen?
2	**Strukturierte Anforderungserhebung**	Ohne präzise Anforderungen keine fundierte Entscheidung
3	**Marktüberblick und Anbietervergleich**	Systematisch recherchieren statt rein auf Empfehlungen verlassen
4	**Professionelles Lastenheft**	Grundlage für Angebote, Vergleich und Vertrag

Nr.	Faktor	Begründung
5	**Proof of Concept (PoC)**	Risiken minimieren, realistische Bewertung ermöglichen
6	**Redaktions- und Schulungskonzept**	Technik allein genügt nicht – Menschen müssen mit dem System arbeiten wollen
7	**Technische Integrationen planen**	Schnittstellen zu CRM, PIM, DAM, HR oder Shop sind erfolgskritisch
8	**Betriebs- und Wartungskonzept aufsetzen**	Updates, Backups und Monitoring müssen dauerhaft sichergestellt sein
9	**Change Management betreiben**	Akzeptanz, Kommunikation und Beteiligung sind entscheidend für nachhaltige Nutzung
10	**Zukunft mitdenken**	Skalierbarkeit, Headless-Fähigkeit, Barrierefreiheit und Nachhaltigkeit nicht vergessen

14.3 Typische Stolperfallen und wie man sie vermeidet

Auch gut geplante CMS-Projekte können ins Straucheln geraten. Die häufigsten Probleme – und ihre Lösungsansätze:

Problem	Lösungsansatz
Fokus nur auf Design oder Oberfläche	Funktionale und technische Anforderungen gleichberechtigt betrachten
Redaktion wird zu spät einbezogen	Frühzeitige Beteiligung schafft Akzeptanz und bessere Anforderungen

Problem	Lösungsansatz
Inhalte werden erst kurz vor Go-live erstellt	Contentmigration und -erstellung parallel zum Projektfortschritt einplanen
Nur kurzfristige Anforderungen betrachtet	Skalierbarkeit und Erweiterbarkeit von Beginn an mitdenken
Zu starke Abhängigkeit vom Dienstleister	Interne Kompetenzen aufbauen, Dokumentation fordern

14.4 Projekt-Checkliste für den Mittelstand

Diese **Checkliste** kann als Begleiter durch das gesamte CMS-Projekt genutzt werden:

- ☑ **Projektziele definiert und dokumentiert**
- ☑ **Alle Stakeholder identifiziert und eingebunden**
- ☑ **Redaktions- und Nutzungsanforderungen erhoben**
- ☑ **Technische Anforderungen, Schnittstellen, Hosting evaluiert**
- ☑ **CMS-Longlist erstellt, Marktüberblick gewonnen**
- ☑ **Lastenheft mit Bewertungskriterien verfasst**
- ☑ **Anbieter verglichen, PoC durchgeführt**
- ☑ **Implementierungsprojekt geplant (Phasen, Ressourcen, Budget)**
- ☑ **Templates und Module auf Design und Usability abgestimmt**
- ☑ **Inhalte analysiert, bereinigt, migriert**
- ☑ **Redaktion geschult, Supportstrukturen eingerichtet**
- ☑ **Go-live vorbereitet (DNS, Technik, Kommunikation)**
- ☑ **Betrieb, Wartung, Backup und Support geregelt**
- ☑ **Erfolgskennzahlen definiert (SEO, Performance, Nutzerfeedback)**
- ☑ **CMS-Governance-Plan erstellt**

Empfehlung: Diese Checkliste digitalisieren und regelmäßig aktualisieren –
idealerweise gemeinsam mit dem Projektteam.

Ein CMS ist kein starres System, sondern ein lebendiger Bestandteil der digitalen
Infrastruktur. Es muss weiterentwickelt, gepflegt und an neue Anforderungen
angepasst werden. Für mittelständische Unternehmen bedeutet das:

- **Digitalisierung langfristig als strategische Aufgabe verstehen**
- **Kompetenzen im Haus aufbauen** – auch ohne komplette IT-Abteilung
- **Externes Wissen gezielt einkaufen**, aber nicht abhängig werden
- **Auf Benutzerfreundlichkeit und Prozesse achten**, nicht nur auf Technik
- **Regelmäßig evaluieren**, was sich ändern muss – technisch, inhaltlich,
  organisatorisch

Abschließender Impuls

Ein gutes CMS ist nicht das System mit den meisten Funktionen. Es ist das System,
mit dem Ihre Mitarbeiter:innen gerne und produktiv arbeiten, das Ihre Prozesse
abbildet, Ihre Kunden begeistert – und Ihr Unternehmen in seiner digitalen
Entwicklung unterstützt.

Digitalisierung beginnt bei der Kommunikation – und ein CMS ist ihr Motor.

Die Einführung eines neuen Content Management Systems ist für viele mittelständische Unternehmen ein bedeutender Schritt in der digitalen Transformation. Dieses Buch soll als praxisnaher Begleiter dienen – von den ersten strategischen Überlegungen bis zur nachhaltigen Nutzung im laufenden Betrieb.

Dabei ging es nicht nur um Technologie, sondern vor allem um Prozesse, Menschen und Veränderungen. Denn ein CMS-Projekt ist immer auch ein Veränderungsprojekt – in der Art, wie Inhalte erstellt, gepflegt und bereitgestellt werden. Es verändert Kommunikationswege, Verantwortlichkeiten und die Wahrnehmung der Marke nach außen.

Ich hoffe, dass Sie durch dieses Buch einen klaren, strukturierten Fahrplan erhalten haben, der Ihnen dabei hilft, Fehler zu vermeiden, Ressourcen gezielt einzusetzen und ein System zu wählen, das langfristig zu Ihrem Unternehmen passt. Denn: Der Mittelstand hat die besten Voraussetzungen, digitale Exzellenz zu erreichen – vorausgesetzt, er investiert in die richtigen Werkzeuge und das passende Vorgehen.

Für Rückfragen, Projektbegleitung oder individuelle Workshops stehe ich Ihnen gerne zur Verfügung.

Begriff	Definition
CMS (Content Management System)	Software zur Erstellung, Verwaltung und Veröffentlichung digitaler Inhalte
Headless CMS	CMS, das Inhalte ausschließlich über Schnittstellen bereitstellt, ohne eigene Ausgabeoberfläche
Frontend	Der sichtbare Teil einer Website, den Nutzer:innen sehen und bedienen
Backend	Administrationsbereich des CMS, in dem Inhalte gepflegt und Einstellungen vorgenommen werden
Template	Layout-Vorlage für die Darstellung von Inhalten im CMS
Migrationsstrategie	Vorgehensweise zur Übertragung von Inhalten aus dem alten in das neue System
SEO (Search Engine Optimization)	Maßnahmen zur Verbesserung der Sichtbarkeit einer Website in Suchmaschinen
API (Application Programming Interface)	Programmierschnittstelle, über die Systeme Daten austauschen können
PIM (Product Information Management)	System zur zentralen Verwaltung von Produktinformationen
CRM (Customer Relationship Management)	System zur Pflege von Kundenbeziehungen und Vertriebsprozessen
DSGVO	Datenschutz-Grundverordnung – EU-weite Regelung zum Schutz personenbezogener Daten

Begriff	Definition
PoC (Proof of Concept)	Machbarkeitsnachweis, Testphase zur Evaluierung von Softwarelösungen
On-Premises	IT-Betrieb auf firmeneigenen Servern oder in interner Infrastruktur
SaaS (Software as a Service)	Bereitstellung von Software über das Internet, meist durch externe Anbieter
Barrierefreiheit	Gestaltungsprinzip, das Menschen mit Einschränkungen die Nutzung digitaler Inhalte ermöglicht
Change Management	Maßnahmen zur Steuerung und Unterstützung von Veränderungsprozessen in Organisationen
Governance	Regelwerk für die Nutzung und Weiterentwicklung eines Systems im Unternehmen
Uptime-Monitoring	Überwachung der Verfügbarkeit einer Website oder Anwendung
SLA (Service Level Agreement)	Vereinbarung über Reaktions- und Lösungszeiten im Supportvertrag

DIGITAL BUSINESS NAVIGATOR: Ihr Wegweiser für die Auswahl und Einführung von CMS-Software im Mittelstand

Der **DIGITAL BUSINESS NAVIGATOR (DBN)** ist ein strukturiertes Analyse- und Entscheidungsinstrument, das mittelständischen Unternehmen hilft, den digitalen Reifegrad zu erfassen, Anforderungen gezielt zu definieren und passende Systeme – wie ein CMS – strategisch auszuwählen. Insbesondere bei der Einführung oder Erneuerung eines Content-Management-Systems (CMS) schafft der DBN die nötige Klarheit, Struktur und Entscheidungsgrundlage.

Ein CMS-Projekt ist kein reines IT-Vorhaben – es betrifft **Kommunikation, Marketing, Vertrieb, IT, Prozesse und Kultur**. Der DBN sorgt dafür, dass Sie die Auswahl nicht dem Zufall oder einzelnen Meinungen überlassen, sondern auf einer ganzheitlichen, fundierten Grundlage treffen.

Das leistet der Digital Business Navigator im Kontext CMS-Auswahl:

1. **Systematische Reifegradanalyse**
   Der DBN bewertet den digitalen Entwicklungsstand Ihrer Organisation – inklusive digitaler Kommunikation, Content-Prozesse und technischer Voraussetzungen für CMS-Systeme. Die Analyse erfolgt entlang von fünf relevanten Handlungsfeldern:
   - Strategie & Geschäftsmodell (z. B. digitale Markenführung)
   - Strukturen & Rollen (z. B. Content-Verantwortlichkeiten)
   - Prozesse & Wertschöpfung (z. B. Content-Workflows, Automatisierung)
   - Technologien & Daten (z. B. Headless vs. klassisches CMS)
   - Kultur & Kompetenzen (z. B. redaktionelle und technische Fähigkeiten)
2. **Benchmarking & Standortbestimmung**
   Sie erkennen, wo Ihr Unternehmen im digitalen Vergleich steht – etwa in Bezug auf digitale Kundenerlebnisse, Content-Strategie oder Systemintegration – und wo ein neues CMS echten Mehrwert schafft.

3. **Ableitung konkreter Handlungsfelder**

   Aus der Analyse ergeben sich priorisierte Anforderungen an Ihr CMS –
   funktional, organisatorisch und strategisch. Damit wissen Sie, **was Ihr
   neues CMS wirklich können muss.**

4. **Individuelle Auswahl- und Implementierungs-Roadmap**

   Der DBN liefert eine klare, nachvollziehbare Roadmap für die CMS-
   Auswahl und -Einführung – abgestimmt auf Ihre Ziele, Ressourcen und
   Projektphasen.

5. **Intuitive Visualisierung & Teamfähigkeit**

   Alle Ergebnisse werden in übersichtlichen Dashboards und Heatmaps
   dargestellt – ideal für die Abstimmung mit Geschäftsführung,
   Marketing, IT und Agenturen.

6. **Fortschrittsmessung & Iteration**

   Mit dem DBN können Sie die Entwicklung Ihres CMS-Projekts
   begleiten, den Fortschritt messen und jederzeit nachsteuern –
   besonders wertvoll in agilen oder schrittweisen Implementierungen.

Viele CMS-Projekte starten mit einem Lastenheft – aber ohne eine klare
digitale Gesamtstrategie. Der **Digital Business Navigator** hilft,
Anforderungen gezielt zu erheben, Stakeholder zu integrieren und eine
fundierte CMS-Auswahl zu treffen, die langfristig trägt.

Der Navigator eignet sich ideal als:

- Startpunkt für CMS-Evaluierung und Systemauswahl
- Grundlage für Anforderungsworkshops mit Fachabteilungen
- Unterstützung bei Ausschreibungen oder Softwarevergleichen
- Werkzeug zur internen Abstimmung von Zielen und Anforderungen
- Steuerungs-Tool in CMS-Einführungsprojekten

Wenn Sie Struktur, Klarheit und Entscheidungsgrundlagen für Ihre CMS-Auswahl suchen, laden wir Sie herzlich ein, den **DIGITAL BUSINESS NAVIGATOR** kostenfrei im Entry-Tarif zu nutzen:

https://onboarding.digital-business-guides.com

Für Fragen rund um CMS-Strategie, CMS-Auswahl und den Einsatz des DIGITAL BUSINESS NAVIGATOR stehe ich Ihnen gerne persönlich zur Verfügung:

ap@poertner-consulting.de

Ich wünsche Ihnen viel Erfolg bei Ihrem CMS-Projekt!

Ihr Andreas Pörtner

Impressum

Ausgabe: 1/2025

Autor: Andreas Pörtner MSc BBA

eMail: ap@poertner-consulting.de

Telefon: 0170 / 5805472

Kontaktadresse:

pörtner consulting

Im Bruch 31

56414 Hundsangen

www.poertner-consulting

© 2025 Andreas Pörtner

Verlag: BoD · Books on Demand GmbH,

Überseering 33, 22297 Hamburg,

bod@bod.de

Druck: Libri Plureos GmbH, Friedensallee 273,

22763 Hamburg

ISBN: 978-3-8192-5002-6